英語コンプレックス粉砕宣言

鳥飼玖美子
立教大学名誉教授

齋藤 孝
明治大学教授

678
中公新書ラクレ

まえがき

鳥飼玖美子

本書は、月刊誌「中央公論」の企画で行った齋藤孝さんとの対談をもとに、雑誌には掲載されなかった部分も入れて一冊の本にしたものです。齋藤さんとは初対面でしたが、対談は毎回、とても話が弾んだので、紙幅の関係で誌面からは落ちてしまった話題が生かせることになったのは、非常に嬉しいことです。

齋藤孝さんの印象――最初は、びっくりしました。

まず、ともかく速い。早口ではないのですが、頭の回転も、話の進めかたも、決断も、超高速。おかげで対談は、話題が途切れることなく、どんどん進み、次をどうするかもすぐに決まりました。その回の対談が終わるや否や、齋藤さんは即座に手帳を開き次回の日程を提案。私が慌てて自分の手帳を取り出し提案された日を確認していると、「一一時でどうでしょう」と時間の提案。「えーと、大丈夫そう」と答えると、それで即決。あっという間に次回の日程が決まりました。

次に、驚くほどの創造力。感心するような表現や企画が次から次へと創出され、目を見張るようでした。「ペラペラ需要に応える英語教育」とか「ペラペラ・コンプレックスに終止符」とか「違和感のセンサー」とか、面白い表現が続出するのは、本書でたっぷり満喫できます。

さらに話に興が乗ってくると、手元のメモ用紙に何やら判読不能な図を描き始め、「ここで、こうしたら、こうなるでしょ。で、次にああしたら、こうなって、あっ、これで教科書ができますよ！」。驚いた私が「すごいですねえ」と感心すると、「僕ね、本を書くとき、こうやったらいいって、ずっと先まで見えちゃうんですよ。企画の段階で、何から始めてどう進めて最後をどうするか、見通せちゃうんだな。僕って、天才かしら」。私は、「それを自分で言っちゃ、おしまい」などと突っ込みながら、内心は「だから、あのように次々と本を出版して、そのどれもがベストセラーになるんだ」と感嘆。考えながら書き、書きながらあれこれ考え、あっち寄りこっち寄りしながら一冊をようやく仕上げる我が身を振り返り、違うなあ、とため息をつくのでした。

違うといえば、英語教育に関する楽観性も、私とは正反対でした。なにごとにも前向きで、積極的な具体案が次々と出てきました。問題山積の小学校英語教育についても、「発音を教えましょう！」。「小学校の英語は、英語が専門ではない学級担任が中心なんで、発音指導はムリ。音声学を知らないで英語の音は教えられない」と反論しても、まるでめげない。齋藤「CDで音を聞かせれば？」鳥飼「ダメ、聞いただけでは発音できない」齋藤「DVDで発音しているところを見せれば？」鳥飼「ダメ、見ただけでは発音できない。口をどう開けて舌をどう動かすかを説明しないと」のようなやりとりの後に、きわめつけの提案。「じゃ、そういう教科書を作って下さいよ」。そして「先生たちも助かるし、教職課程の学生なんか泣いて喜ぶなあ」と楽しそうにつぶやきながら、メモ用紙に何やら企画を書き続ける。小学校英語、このままではどうなるのだと悲観的な私に対して、この前向きな楽観性と積極性。あまりに悲観的な自分が露わで自己嫌悪に陥りながら、思わず引き込まれてしまうのでした。

そこで、教科書の前にまずは、この対談をまとめて本にしましょう、となったのが、本書です。

身体論からコミュニケーションを考える齋藤さんの、「カラオケ英語学習」など発想力豊かな提案がつぶてのように飛び、目からうろこの齋藤式指南が満載です。

ただし、齋藤さんの提案は、奇抜で面白いだけではありません。外国語学習の基盤は母語である、だから訳すことは効果的だという主張は私と同じです。英語を学ぶ最終目標は、「意味のあるコミュニケーション」という主張も私の持論と重なります。今の英語教育の流れは自己植民地化だ、という点でも見解は一致しました。国語教育改革で「論理」が重視される点について「論理を理解することと心情を理解することはつながっている。文学が論理的でないというのは誤り」という意見にも同感です。最初は、「私とは違うな」と思っていたのですが、対談を重ねているうちに、気がついたら「その通り」「そうなんですよ」と深くうなづいていました。

そして、対談を振り返って分かりました。

齋藤さんは対話しながら相手を理解し、それによって対応を変える柔軟性があるようです。これは相手によって主張をコロコロ変えるということではありません。そうではなく、自分が蓄えている内容の中から相手に合うテーマを引き出している感じなのです。たとえば、初回の対談では、どちらかというと英語教育の方法論など技術的な話題が多かったのですが、回を重ねるうちに、英語と母語の関係、言語と思考などについての割合が増えた気がします。相手の興味を見極めながら対話の内容を軌道修正する気配りは、コミュニケーションの極意ですが、それをしっかり実践していただいた対談でした。

さらに加えれば、齋藤さんのコミュニケーションは、難しいことや複雑なことも、あっけらかんと明るく楽しく伝えるのが特徴です。重くなく、軽やか。深刻な話題でも、暗くならない。ふっと明るいほうに切り替える言葉の力は、私にとって大いなる学びでした。

読者の皆さんにも、この対談を笑って楽しみながら、二人のメッセージを受け取っていただけたらと願っています。

目次

画」への違和感／英語力で人の能力を測る危険性／大事な交渉ほど、プロの通訳者に任せるべし／英語の〝植民地〟になりたいのか／「授業をすべて英語で」の虚妄／異質な世界を知る――英語を学ぶ意味／姓名のローマ字表記をどう考えるか

小学校の英語の授業に意味はあるか／スポーツのトレーニングのように／教職課程は音声学を必修にすべし／英語の持ち歌で発音を学ぶ／「きらきら星」を英語で歌おう／聞き取れる快感を経験させる／目指すべきはペラペラ「感」／「意味のあるコミュニケーション」は後から／ポイントは教師力とテキスト／鳥飼・齋藤版学習指導要領

構成／島田栄昭
本文ＤＴＰ／今井明子

英語コンプレックス粉砕宣言

一章

混迷の入試制度改革を検証する

センター試験は悪くない

鳥飼　二〇二一年度入学者選抜から、現在の大学入試センター試験が廃止されて大学入学共通テストに移行します。英語については、大学入試センター作成の試験に加えて、六つの民間業者による七種類の検定試験で「四技能（読む・聞く・書く・話す）」を評価することになっていました。共通テストは二〇二一年一月実施ですが、二〇二〇年の四月から十二月にかけて民間試験を受けるため、申し込みなどの手続きは二〇一九年から始まっていました。

ところが民間試験利用のための共通ＩＤ申請受付開始日のまさに当日である二〇一九年十一月一日、萩生田光一文部科学大臣は唐突に英語民間試験導入の延期を発表しました。もともとこの大学入試改革は、かなり無理のある制度設計だったので、二〇一三年くらいから異論や反論が出ていました。二〇一九年には、英語教育専門家およびさまざまな分野の研究者が「民間試験利用の中止」を求めて国会請願を行ったくらいです。その上、民間試験実施が近づいても日程や会場などの詳細が決まらないことから高校生や保護者の間に不安が広がりました。SNSで情報を共有しているうちに、制度自体に構造的な欠陥があることを多くの人たちが知ることになり、文部科学省（以下、文科省）前で毎週金曜に抗議活動が行われたり、東大で緊急シンポジウムが開催されたり、反対の声が広がりました。そのような折に、新たに文部科学大臣に就任した萩生田氏が「初年度はいわば『精度向上期間』」と発言して「受験生を実験台にする気か」と反発され、さらに民放テレビ番組で、経済格差や地域格差による民間試験の不公平性を問われ、「身の丈に合わせて頑張ってもらえれば」と発言したことで批判が殺到しました。謝罪したり発言を撤回したりしても怒りはおさまりません。その頃には、野党が合同でヒアリングを実施し、高校生や保護者の訴えを聞いた上で、「民間英語試験導入延期法案」を国会に提出しました。そのような経緯から、結局、「延期」という決断に至ったわけです。ただ、延期になっただけで、中止ではない。一年かけて検討の上、高校の新学習指導要領が全面施行となる二〇二四年度には実施する、という予定です。抜本的な見直しをしてほしいものですが、そもそもどこに問題があるのか、ざっと検証してみたいと思います。齋藤さんはどうお考えですか？

齋藤　とりあえず延期になってよかったんじゃないでしょうか。そもそも従来のセンター試験が問題なくとり行われてきたことは、評価として定まっていますよね。私は大学生にも高校の先生にも感想を毎年聞いているのですが、だいたい問題の質も量も悪くなかったという評価です。

うまくいっている試験を廃止することは、非常にムダが多いと思います。高校の教育現場も混乱する。「改革」というと聞こえはいいですが、わざわざ変える意味があるのかという気はしていました。

鳥飼　おっしゃるとおりですね。センター試験は工夫を重ねてずいぶん質が高くなりました。センター試験が始まった当初、英語については「些末な文法問題が出ている」といった批判もありました。でも、それから改善を繰り返して良い問題を作っています。英語の学習指導要領は一九八九年改訂から「コミュニケーション」が中心になりましたが、それにも適応させて、マークシートという制約の中で、コミュニケーション能力を測ろうと相当な工夫をしていると感心していました。

実は民間業者試験の問題が議論されるようになってから、大学入試センターがどういう問題の作り方をしてきたのか、どのように採点しているのかをシンポジウムで聞く機会があったのですが、出題と採点の厳密さに驚嘆しました。毎年五〇万人を超す受験生に対して出題しているという責任感の下、文化遺産と言ってよいくらいのノウハウを積み重ねています。

たとえば採点にしてもマークシートだからと機械に任せるだけではなく、機械が読み取れなかった解答を手作業で、目視で確認することもあるとか。このようなきめ細やかな対応をしていると採算が合わないので、民間業者ではとても太刀打ちできないと思います。それを検証もせず、やめてしまう必要はないですよね。

齋藤　民間業者の場合、そこまで責任は負えません。採算が合わなければ撤退することになるわけですが、そうすると試験の担い手がいなくなってしまう。大学入試はどうなるんだ、と。国家のやることは、とにかく安定感が大事ですから、民間に任せることにどこまで必然性があったのか、疑問が残ります。

それに、試験の場合は公平性が至上命題です。ところが複数の民間業者が提供するいろいろな試験を受けることが可能になり、採点するのも民間業者となると、はたして公平性は担保されるのか。我々大学人の感覚からすると、大学入試は極度の厳密性をもって臨む対象ですからね。

鳥飼　私も大学で英語の入試出題の責任者を務めたことがあるので、大学入試の重さは身にしみています。誰が出題者であるかは極秘で、一年がかりで取り組み、チェックを重ねて何度も修正し、ただごとではない緊張感がありました。真面目に英語を勉強した受験生が合格するような出題をしようと必死でした。万が一にも出題ミスなどがあれば、記者会見して謝罪するだけでは済まされず、受験生へのその後の対応も考えなければなりません。試験当日、試験会場で受験生から質問が出た場合に備えて出題者は待機するのですが、胃が痛くなるほどでした。

ところが文科省は、民間事業者が行う試験に採点ミスなどがあっても、大学入試センターや大学が責任を負うことは基本的に想定されない、という見解でした。すべて民間業者の責任ということになります。

しかし、出題や採点の基準を公表していない民間業者がどこまで責任を持てるのか、これまで各大学が守ってきたほどの厳密性を実現できるのか、心もとないですよね。

齋藤　それに民間試験を導入するとなると、都会に住んでいる人やお金のある人が有利になる可能性があります。

鳥飼　そうなんです。どんなに安い民間業者試験でも、受検料が六〇〇〇円近い。試験によっては二万数千円します。高校三年の四月から十二月の間に二回まで受けていいとされましたが、それなら二回受けたくなりますよね。さらに受験生の気持ちとしては、高校一年の頃から何度も受けて慣れておきたい。検定試験というのは、何度も受けているうちに慣れてきてスコアは上がるものです。でも、遠隔地に住んでいる場合には、受検のたびに交通費がかかりますし、宿泊を余儀なくされる地域もかなりあります。親にとってみれば、これまでは大学入試センターに検定料を払い、志望大学に受験料を払い、それだけでも大きな負担なのに、民間試験に費用が別途かかるとなれば、大学入学までにどれだけのお金がかかるのかという話でしょう。経済格差・地域格差がもろに影響します。

齋藤　加えて、情報格差も激しく影響を与えますよね。いろいろな選択が可能になると、情報が集まるグループにいれば、どの試験が有利だとか不利だとか情報が高速で交換されるわけです。ところが、情報があまり行き渡らなかったり、錯綜したりするグループにいると、孤立化して損をする。

いずれにせよ、基準が多くなれば、それだけ公平性が失われます。その結果、何に向けてどう努力すればいいのかが分かりにくくなり、モチベーションの低下にもつながります。

その点、センター試験は「よーいどん」で全員が一斉に受けるわけですから、公平です。出題の傾向も分かっているから、どう勉強すればいいかという対策も立てられる。そのことで、勉強の質も高くなるんです。それをわざわざ止めようというメリットがどうしても見出せないですね。

鳥飼　ご指摘の通り、勉強する意欲を失いかねないのは、とても大事な点です。民間試験については高校英語教育が崩壊するという懸念もあるわけですが、それはなぜかというと、民間業者が高校に入り込んで模擬試験をするだけでなく、自分のところで作った対策本や問題集を売り、対策講座を勧める。これはすでに現実となっていて、英語の授業では民間試験の問題集をやり、授業を潰して業者の模擬試験を受けています。先生も生徒も大学入試だから仕方ないと思っているようですが、こんなことでは本気で英語に興味を持って学ぼうという意欲に繋がりません。学ぶ意欲を持たせることが難しくなると、ますます学力低下が進むことになりかねません。

日本人に根強い「ペラペラ」コンプレックス

齋藤　文科省が民間試験を導入しようと考えた主な理由は、スピーキングの強化ですか？

鳥飼　文科省というか、そもそも今回の大学入試改革は、産業競争力会議から上がってきたもので、産業界の要請に政界が応えたと言われています。自民党教育再生実行本部の会議では、楽天の三木谷浩史・代表取締役会長兼社長が、大学入試にはＴＯＥＦＬを使うべきだと強く主張して、安倍内閣の私的諮問機関である教育再生実行会議で民間試験導入の方向が決まったと報道されています。ＴＯＥＦＬだけでは他の民間試験が黙っていないので、「ＴＯＥＦＬ等」と「等」がついて、他の業者も参加することになりました。「四技能」を測るため、と言っていますが、本音は「話す力」です。しかし話す力を測るのは大変で、大学入試センターでは対応できないだろうから、民間試験に委ねるとなったようです。「ようです」というのは、実際にいつの会議で「民間試験に丸投げ」が決まったのか、議事録がないので分からない。なんだかよく分からないうちに、あっという間に決まった感じです。

齋藤　その発想を持たれた方々は、おそらく外国人が集まるパーティで会話することができず、コンプレックスを抱えたという原体験があるんじゃないでしょうか。（笑）

鳥飼　それ、冗談ではなく本当にそうなんですよ。衆議院議員の遠藤利明さんが、自民党の教育再生実行本部長のときに、「夜のパーティーとか、みんなでわいわいやっている場での会話」は大事なのに「悔しいことに英語で話せない」と発言していました。
ただ以前から、「使える英語」への要請は強かったんです。発端は一九八六年の臨時教育審議会第二次答申です。その後、経済界は一貫して政府に英語教育の改革を要請してきましたし、文科省はそれを受けて、一九八九年の学習指導要領改訂で英語教育の目的は「コミュニケーション」だと宣言して、「オーラル・コミュニケーション」という科目まで作りました。そして二〇〇三年の「英語が使える日本人」の育成を目指す五年間の行動計画を始めとして、「使える英語」「英語を話す力」を目指して「慢性的改革症候群」と呼びたいくらい頻繁に抜本的改革をやってきたんです。三〇年も英語教育改革を必死にやってきて成果が上がっていないのだから、「話す力」を「英会話」だと考えて邁進してきた英語教育政策が間違っていたわけですが、誰もそうは考えないようです。まだ足りない、もっとやれ、大学入試でスピーキング力を測れば話せるようになるだろう、と民間業者に丸投げの共通テストまでやろうとしたわけです。国語と数学の記述式問題も含めて、今回の入試改革は無理だと最初から分かっていた人が、現場にも教育界にも多かったと思います。

あまり指摘されませんが、この一連の英語教育改革の非常に大きな問題点は、日本語との関係を希薄化させていることです。外国語の学習には母語が重要なのに、それをいっさい切り捨てようとしている。つまり小学校も中学校も高校も、英語は英語で学びましょう、とにかく話せるようになりましょう、という方針なんです。

齋藤　スピーキングに対するコンプレックスは、日本人全般にありますね。英語を「ペラペラ」に話せればカッコいい、たどたどしいジャパニーズ・イングリッシュでは恥ずかしいと。しかしそれは、大学入試で試すべき力なのか。

鳥飼　本当にそのとおりです。ペラペラと話したい人はそういう努力をすればいい。それに大半の大学では、すでにスピーキングに力点を置いた英語教育になっています。だから大学の入試選抜では、高校で学んだ基礎力、特に読む力を測るべきでしょう。あるいは個々の大学ごとに、「うちは特にスピーキングができる学生が欲しいから、民間業者のテストを利用したい」という判断はあり得ると思います。

「話す力」をどう測定するのか

齋藤　だいたい制度というものは、一気に変えるより徐々に改良していくほうがいい結果を生みやすい。現在の英語のセンター試験の場合、すでにリスニング問題は組み込まれています。だからそれをより重視する方向で改良すれば、コミュニケーションに関する能力は測れると思いますけどね。

鳥飼　その通りで、四技能を個別に測る必要はないんです。これまでのセンター試験では、「読む力」と「聞く力」を測ることで、総合的に発信能力も見ようとしていました。それでいいんじゃないかと思いますけどね。四技能というのは、外国語教育で昔から言われてきたことですが、別々の技能を教えるのではなく、読んだことをもとに書いたり聞いたり話したりして、総合的に学ぶものです。試験だって総合的な力を測定すれば良いので、なぜ「スピーキング力」を別に測定しないとならないのか解せません。国立大学が民間英語試験のスコアを出願資格にするということは、英会話ができないと国立大学を受験できないことになってしまいます。

それに「話す力」というのは採点が恣意的になりやすい。「話す力」の何を採点するのか、採点基準をどうするのか、誰が採点するかなどによって結果が違ってきます。

齋藤　どう採点するのかというのは、非常に難しいですよね。

鳥飼　海外にデータを送って採点してもらうという民間試験が複数あります。「一部海外」とか「アジアや欧米などの海外拠点」とか。採点者の要件も、「英語の教授資格、三年以上の指導歴」としている試験団体もあれば、業者による「面接や試験など」としか公表していない民間試験もあります。

そもそも選抜試験で話す力は測定できるのか。あるいは測定する必要があるのか。私の答えは両方とも「NO」なんです。正確に測定するなどできないし、必要もない。

選抜試験で話す力を測るとすれば、会話の定型表現を覚えているかどうかを見るのでしょう。つまり暗記力の測定であって、現実の場での話す力を測ることにはなりません。

齋藤　話す力というと、言葉が次々に出てきて自在にコミュニケーションできる力、というイメージがありますね。しかし試験で点数をつけるとすると、ある程度記憶したフレーズで測るしかない、と。

鳥飼　そうです。外国語を習得する場合、基本的な語彙や語句や定型表現を覚えて練習することは重要です。でも、それだけでは、すぐに話せることになりません。

齋藤　基本的なフレーズの記憶を測定するのであれば、それは筆記試験でも可能ではないでしょうか。たとえば会話文の一部分を空欄にして、そこに当てはまる文はどれか、という選択問題にすればいい。

鳥飼　それがセンター試験のマークシートで今までやってきたことですよね。そのほうがむしろきちんと測れます。

齋藤　マークシートというのは、単に暗記力を試すだけではなく、活用力を含めて測れるわけです。一部には「設問が単純になる」という批判もありますが、それは違います。そこをあえて変更し、受験生の発音を直接聞いて測定するつもりだった、と。では、その採点基準はどうなっているのでしょう？

鳥飼　それがよく分からないんですよ。文法が正確かどうか、発音やイントネーションが流暢かどうか、どちらの比重が重いのか、民間試験ごとに違います。

ＴＯＥＦＬ ｉＢＴのスピーキングだと、「話し方」として発音やアクセント、明確さ、「ことばの使い方」で語彙、構文、文法、表現、「論理展開」で一貫性、的確さ、具体性などをみます。ＩＥＬＴＳのスピーキングは、「流暢さと一貫性」「語彙力」「文法の正確性」「発音」の四要素です。発音については、「正確」「聞きとりやすい」などの基準にしている民間試験が多いですが、どこまで母語の影響を受けた英語が許容されるのか。どういう英語なら英語として通じるのかというのは微妙なので、厳密な採点基準は難しいでしょう。

齋藤　しかも、各業者によってもバラバラなわけですよね。たとえば日本語で話す力をテストすると考えてみると、なかなか難しい。まして英語となると……。

鳥飼　採点しやすいように、短く一言で答えられるような設問にして答えさせるのだとしたら、実際にコミュニケーションに使えるかどうかは判定できないでしょう。

齋藤　英作文でも、長くなると採点基準が複雑になって難しいですよね。話すとなると、そこに発音などの不安定な要素も加わります。厳密に採点できるのかという疑問が残ります。

鳥飼　採点者が聞き取れない場合はどうなるのか。英語としては正解でも、発音が聞き取りにくい場合はどうなるのか。難しいですよね。

全国学力調査の試験問題から見えること

鳥飼　大学入試ではありませんが、二〇一九年度の「全国学力・学習状況調査」（以下、「全国学力調査」）の結果が七月に文科省から公表されました。これは小学六年生と中学三年生を対象にしたもので、今回は中学生の試験で、国語・数学に加えて初めて英語も行われました。今の中三は小学校の英語活動を受けた世代なので、その成果を見てみようということでしょう。英語の「話す力」を見る試験もありました。

私はその試験問題の分析を依頼されたのですが、残念ながらテストとしての質が低い。中学三年生にこんなことを聞いてどうするのという問題があったり、そもそも指示文の日本語が分かりにくかったり曖昧だったり。

当たり前の話ですが、そういう設問については、正答率が低くなります。それを見て「英語の発信力に問題がある」と総括するのは、生徒がかわいそうです。

齋藤　成績の良し悪しは問題の水準の設定によりますからね。結果だけを見て生徒が理解しているかどうかを判断するのは危険です。むしろ出題者の意図や能力でどうにでもなる。

鳥飼　そうなんですよ。でも今回の学力調査は、出題そのものに問題はないという前提で、結果だけを議論している印象があります。

別の問題もあります。スピーキングの試験も行われたのですが、機器の準備ができていない学校もあるので、今回の成績は参考値とされています。

それはいいのですが、実は機器の準備があっても、機器トラブルによって答案データを提出できなかった学校が少なからずあったんです。録音した記録はあるけれど音声データがみつからない、データはあるけれど誰の声か分からない、雑音がひどくて採点不能とか。これが、もし入試本番だったらどうするんだ、と思います。

齋藤　しかも大学入学共通テストでは、複数の民間業者の試験の中から選択するわけですよね。やはり公平性という点で問題があります。それぞれ個性があっていいという話ではありません。

鳥飼　今回の入試改革の英語については、経済同友会が二〇一三年にまとめた提言「実用的な英語力を問う大学入試の実現を～初等・中等教育の英語教育改革との接続と国際標準化～」があります。議論に影響を与えたかどうか知りませんが、楽天の三木谷浩史さんが委員長としてまとめた提言です。先に説明したように、三木谷さんの主張で、教育再生実行本部では、当初はＴＯＥＦＬに絞っていました。しかし、他の民間業者を無視するわけにいかなくなり、「ＴＯＥＦＬ等」ということになったのです。

それで文科省が参入業者を公募したところ、いくつもの業者が手を挙げた。ビジネス・チャンスですから当然ですよね。しかし、各業者の作成する試験問題が学習指導要領に準拠しているかどうかは、疑問です。文科省は、整合性はあるとしていますが、試験によっては難易度が高く、高校生には無理なものもあります。どうも試験の中身まで精査した形跡はありません。「一日で四技能を測れるか」とか、そんな外的条件だけで認定したようです。

結局、ＴＯＥＩＣ（国際ビジネスコミュニケーション協会）は、「受験申し込みから実施運営、結果提供にいたる処理が当初想定していたものよりかなり複雑なものになることが判明」「責任を持って」進めることが困難であると判断し、大学入学共通テスト「大学入試英語成績提供システム」への参加を取り下げました。あれは賢明な判断だったと思います。もともとビジネスの場での英語コミュニケーション力を測る試験ですから、大学入試にはそぐわない。

読み書きができなければ話にならない

齋藤　二〇一八年に刊行された『検証　迷走する英語入試』（南風原朝和編／岩波ブックレット）の中に、「英語を話せないのは聞き取れていない場合が多い」という指摘がありました。たしかに、話そうと思っても、その前提として相手が何を話しているか理解できなければ、話すことはできません。逆に理解できれば、少なくとも「イエス」か「ノー」かは言える。

つまり、英語のコミュニケーションで基本になるのはスピーキングかリスニングかといえば、むしろ後者ではないか、と。

鳥飼　大変に重要な指摘ですが、今はあまり言われていませんね。「とにかく話せなきゃいけない」の一点張り。まさに「ペラペラ願望」です。

私はこの「ペラペラ願望」こそが、英語教育を悪い方向へ改革する原動力になっていた気がします。ペラペラ話せるように教育を変えてみたが、うまくいかない。そこで何が悪かったのかをしっかり調べれば、やはり「読む力」と「聞く力」が必要と気づいたはずです。にもかかわらず、徹底的に話す力だけに注力し続けた。小学校で英語の授業を始め、大学入試でスピーキングも測れば、みんなちゃんと話せるようになるだろうと。センター試験では、読む力と聞く力を中心に四技能を総合的に測定していたのに、「二技能」しか測っていないからダメだとなった。これはとても短絡的で、ますます英語力は下がるとしか思えません。私は四技能の核は読むことで、それが聞く力と書く力に結びつく、その上での話す力だと考えていますが、そんな面倒なことは嫌いらしく、とにかく話せるようになりたい。「ペラペラ願望」は根強いですね。

齋藤　一つは、先ほども出ましたが、コミュニケーション場面におけるコンプレックスと、もう一つは経済界からの要請だと思いますね。世界でビジネスをしていかなければいけないから、と。

しかし、ビジネスにおいて本当に必要なのは、読み書きの能力です。私の大学時代の友人は皆、ビジネスで英語を使うことが茶飯事ですが、たとえば契約書の英文はレベルがきわめて高いですよね。日本の小学生はペラペラと日本語を話しますが、日本語の契約書を読み込むことはできません。いくら「ペラペラ英語」を目指しても、それと同じことが起きるだけじゃないでしょうか。

鳥飼　実際に海外に駐在した経験者は、読み書きがきちんとできなければ話にならないと口を揃えて言います。あるいはどんな分野であれ研究職を目指す人も、英語の読み書きの力は必須でしょう。

読み書きの英語教育は悪くなかった

齋藤　日本人が英語を使えないのは英語教育が間違っていたから、という決めつけもおかしいと思います。ふつうに勉強して高校を卒業すれば、ある程度の文章は読んだり書いたりできる。しかし勉強しなかった人はできない（笑）。それだけの話だと思うんです。

鳥飼　そうです、実際に学校教育を基礎として英語を話せるようになる人もいます。世界で活躍している日本の多くの企業人は、そういう人ですよね。

齋藤　これは他の教科でも同じ。数学を勉強しなかった人ほどできないし、数学が嫌い。でも微分積分の分からない人は、「数学教育が間違っている」とは言いません（笑）。自分のせいだと自覚しています。

鳥飼　自慢じゃないですが、私は算数から数学までまるでダメなんです。でも、けっして学校の教え方が悪かったからとは言いません。自分が悪かったと思いますね。私は運動も苦手ですが、一二年間も体育の授業を受けたのに、テニスもゴルフもできないのはなぜだ、などと文句は言いません。運動音痴だからしようがないな、と思うだけです。

ところが英語だけ、できない人ほど学校教育のせいにする。「大学卒業まで一〇年間もやって、なぜできないんだ」と。それはあなたの努力が足りなかったんですよと言いたい。（笑）

学校だってすべての面倒は見切れません。学校で教えるのは基礎です。それをもとにして、どう伸ばしていくかは自分しだいですよね。

ついでに言うと、英語については世間にいろいろな勉強法が出回っていますね。いかに楽にマスターできるかを競っているようですが、外国語の習得にそんな都合のいい楽な方法はありません。たとえば少し前から、英語をシャワーのように聞き続けるだけで話せるようになる、という教材がありますね。たいへん人気があるそうです。

林真理子さんと対談したとき、開口一番に聞かれたのが「あれを買ったのにちっともうまくならない。どうして？」（笑）。うまくなるわけがないじゃないですか。「シャワーのように浴びても流れるだけですよ」と答えたら、「やっぱりね」と納得していただいたんですけどね。

齋藤　ある程度言葉の意味が分からないと、何も聞き取れないですよね。そういえば大学に入ってすぐのころ、FEN（Far East Network「極東放送網」）のニュースを聞き取るという授業がありました。でも、何を言っているのかさっぱり分からなかった。

これはまずいと思って、すぐにラジオを買いに行きまして。当時は、FENしか入らないというラジオがあったんですよ。それで一生懸命にかじりついたのですが、やっぱりよく分からない。考えてみれば、米軍にまつわる語彙を知らない以上、聞き取れるわけがないですよね。

鳥飼　そうそう、FENを聞くという勉強法が流行って、私もやりました。あれは各地の基地に駐留する米軍関係者向けの放送なんですね。軍事・防衛にまつわるニュースだったり、何日までにどうこうしろという指示だったり。一般の日本人がいくら聞いても聞き取れない内容があるのは当然です。

齋藤　それは、ロシア語をシャワーのように聞いても、何一つ分からないことと同じですね。結局、どんな勉強でも自分から摑み取るしかない。岩によじ登るような覚悟が必要だと思います。

鳥飼　そう、岩によじ登る感じですかね。英語も読んだり書いたり話したりしながらコツコツ勉強していくしかないですよね。

齋藤　英語教育で読み書きがある程度できるようになれば、意味のある知的なコミュニケーションが可能になります。相手の話の内容を受け取って、自分の意見や情報を返す。このやりとりは、読み書きの能力が基本です。だからその勉強が欠かせないわけです。

加えてコミュニケーションには、感情をやり取りするという面もあります。こちらはリアクション能力や、度胸などが問われる。もし外国人のいるパーティでのコミュニケーションを重視するなら、まず度胸を鍛えたほうがいいですね。（笑）

鳥飼　たしかに、スピーキングテストをやるくらいなら、話す度胸を鍛えるほうが先かも。それは日本語でも同じですよね。

齋藤　日本語でもいいです。とにかく、まずは人とコミュニケーションできる能力を磨くことが大事。特に大勢を目の前にしてもきちんとものが言えるような練習は、小中高のうちにやったほうがいい。これはインターナショナルに必要なことだと思います。

サモアの小学校で見た徹底トレーニング型授業

鳥飼　授業風景も変わりつつあります。今は高校で、二〇二〇年度からは中学校でも、英語の授業は基本的にすべて英語で行うことになっています。日常的に英語を使わない日本で、せめて授業は英語だけにするという方針です。そこで、教師が英語で授業ができるよう、ブリティッシュ・カウンシルに委託して地域の核となる教員に研修を行い、その教員が他の教員に内容を伝えるという方式で研修をしています。

　でも、研究授業を見学してみると、教師が英語で話すこと自体に必死な感じです。不思議だったのは、授業前は「発音に自信がなくて……」と緊張していたのに、いざ授業が始まると"Hi, everyone!"と急に声を張り上げてテンションを上げるんです。その落差に驚きました。教師が英語で授業をすること自体が目的と化しているような気がしました。

齋藤　英語力に自信がないので、勢いをもって代えさせていただくという感じですね。先生自身の能力の問題でもありますが、もっと問題なのは生徒のトレーニング時間が少ないことです。先生がいくら英語を話しても、生徒が話したことにはなりませんからね。

鳥飼　そう。英語で授業をすることにもし利点があるとするなら、生徒が英語で発信する機会を増やすことでしょう。先生が一人で必死になって英語を話す、生徒はそれを見て「先生、頑張ってるな」と感心するだけではねえ。

齋藤　以前、サモアの小学校の授業を見学させてもらったことがあります。公用語はサモア語と英語ですが、小学生でもふつうに英語でコミュニケーションできる。それでどんな授業をしているんだろうと興味を持ったのです。

驚いたのは、とにかく先生と生徒がきわめて高速で言葉のキャッチボールをしていること。卓球の高速ラリーのような感じで、いくつかの例文を一時間のうちに二〇〇〜三〇〇回も生徒に言わせるんです。

そうすると、その例文が条件反射のように出てくるようになる。つまり、一回の授業のたびに、文法が一つ、頭に叩き込まれるわけです。そこまでやり抜く。

鳥飼　それは、一九六〇年代に世界中で流行した、アメリカ生まれの「オーディオリンガル・メソッド」のような感じがします。映画にも登場しているし、日本でも大流行でした。会話パターンの反復とドリル練習。構造言語学とスキナーの行動主義心理学を理論的な基盤にしていたのですが、「言語は条件反射で習得するようなものではない」と、言語学者で認知科学者のチョムスキー（Noam Chomsky）から批判されたのと、授業ではできるようになっても、実社会では使えないことが多く、廃れました。ただ、未だにその影響は残っています。でも、サモアの例は強烈ですね。どうしてそのような指導法をやるようになったのか、英語が公用語で使わなければいけない環境だから成果が上がっているのか、調べてみたい気がします。

齋藤　英語に限らず、日本の授業では生徒がボールを打っていない。スポーツは量をこなすことが大事とされていますが、勉強も一緒です。授業では量を追求しないと、質的な向上も見込めないのではないでしょうか。

私は以前、テニススクールでコーチをしていたことがあります。もしそこで、私ばかりがボールを打っていたり、フォアハンドやバックハンドについて講釈を垂れるばかりだったとしたら、生徒はまったく上達しませんよね。

鳥飼　そんなテニススクールは潰れますよ。（笑）

齋藤　いかに生徒に多く打たせるかが重要なのであり、学校の授業も同じです。

鳥飼　英語をコミュニケーションに使うには、話す相手や状況、文化などのコンテクストをふまえないといけないですし、英語社会における話し方の規則も知らなければいけない。でも先生の説明を聞いているだけではダメで、自動的に言葉が出てくるように練習することも欠かせない。そのバランスが大事なのだけれど、そこが難しいですね。

齋藤　その意味では、実は、先生の英語能力が特別高い必要はない。生徒に高速で〝球出し〟する技術と、一〇回に二～三回ぐらいは「すばらしい。それだ！」～"This is it!"と誇張気味に褒める評価力さえあればいいんです（笑）。そうすると、生徒はそれを基準にしてトレーニングするようになる。それだけで上手くなるものです。

だいたい日本の学校教育の大きな問題は、トレーニングに嫌悪感を持ってしまったことではないでしょうか。昭和三十～四十年代までは、膨大なドリルをやることに前向きでした。ところが、思考力だ、個性だ、主体性だという話になって、学校自体がトレーニングに対して腰が引けてしまった。これは致命的な間違いだと思いますね。多くの勉強はトレーニングなしには成り立ちません。

「アクティブ・ラーニング」も基礎力が前提

鳥飼　最近よく聞く「アクティブ・ラーニング」も、基礎力がないと無理です。ちなみにこの言葉は、専門家から異議が出て、学習指導要領では「主体的・対話的で深い学び」と書き換えられました。このフレーズが何度も出てくるので、読みにくいんですよ。

齋藤　役所が一括変換したんでしょうかね（笑）。それはともかく、主体的に考えて話し合うといっても、ただのディスカッションになっては意味がないですよね。あるテーマについて、お互いによく調べてきた上で議論しないと。それには基礎的な勉強が欠かせません。

よく学校教育に対して「詰め込み」とか「知識偏重」といった批判が起こりますが、それはおかしいと思います。むしろ、もっと知識を偏重しなきゃいけない。あまりにものを知らないので、議論するにしても話にならないことが多いです。

たとえば今、高校での「物理」は選択制になり、履修率は一割台に落ちています。私が高校生だった一九七〇年代には、普通科の八～九割が履修していました。物理の基礎を知っている高校生が八〜九割から一割台に激減したわけです。つまり日本の若者の多くは、物理の話ができない。これこそ、本当の学力低下ではないでしょうか。物理を知らないということは、人類がこれまで生み出してきた文化遺産の継承にとって、決定的なマイナスです。

鳥飼　「日本史」もそうですよね。二〇二二年度からは「歴史総合」という新科目ができるそうですが、今は日本史が必修ではないので、日本の歴史を知らない日本人が出てくるわけです。

齋藤　それも致命的な学力低下。では選択した科目がすごくできるようになるかといえば、そうでもない。科目の選択制というのは、たいへんな愚策だと思います。

鳥飼　学校で知識を得ることがいけないとか、詰め込みより主体性だという風潮は、どこから始まったんでしたっけ。もう長いですよね。

齋藤　それは二〇〇二年に改訂された小中学校学習指導要領によって、いわゆる「ゆとり教育」を導入したときからですね。でも文科省は、これが失敗だったと認めているわけです。だったらその反省から、しっかり知識を問うテストを実施してもいいはずです。そういう意味でも、最初の話に戻りますが、センター試験はけっして悪くないと思います。

鳥飼　「ゆとり教育」で、きちんと教えなくなった時代の学校教育を受けた世代は、職場で「こんなことも知らないのか」と上司から叱責されることが多いらしく、「どうせ私たち、〈ゆとり〉だからしょうがないもん」と言っています。主体性は大事だけれど、文科省が推進している「eポートフォリオ（e-Portfolio）」で、生徒がやった活動をインターネット上に「学びのデータ」として記録させて入試に使ったら身につくようなものではない。そんなことではなくて、高校までは、すべての教科において、「基礎」をしっかり勉強させてあげて欲しい。それが後に、主体的に生きられる土台になるのですから。

二章

「英語植民地化」する日本

日常的に英語が必要な日本人は一％以下？

齋藤　最近は社員の英語力を重視する企業が少なくありません。日本の人口が減り、内需がしぼむ中、これからは世界を舞台に戦うんだという意気込みの表れだと思います。中には「英語公用語化」を宣言した企業もありますね。

しかし、その方針は現場でうまく機能しているのでしょうか。たとえば日本人だけで会議をする際にも、やはり英語でやりとりしているのか。その場合、コミュニケーションに齟齬は生じないのか、コストパフォーマンスの面でいいのか悪いのか、興味がありますね。

だいたい日本人の場合、英語ができなきゃいけないという強迫観念のようなものに、必要以上に駆られている気がします。

鳥飼　社会と英語の関係を研究している寺沢拓敬《たくのり》さんの調査によると、実社会において英語ができなくて困る場面は、きわめて少ない。考えてみれば、たとえば外交官が各国と折衝する場合、たしかに外国語が必要ですが、英語とは限りませんよね。韓国や中国と交渉するときに英語を使うとは思いません。外交の公式な場では、お互いに通訳者を入れてその国の公用語を使うはずです。

齋藤　実際のところ、日常的に英語が必要な人は、一％以下じゃないでしょうか。私もふだんはまったく必要ないですからね。

鳥飼　私だって必要ないですよ。英語について講演するとき、最初に「朝起きてからここに来られるまでの間、英語を使った方はいますか？」と尋ねているのですが、まずゼロです。たまに路上で外国人に道を聞かれることはあるかもしれませんが、その程度でしょう。その場合も、身振り手振りで「あっち」と示せば済むので、それほど話す必要はない。

あるいは世界の動きも、日本語の新聞やインターネットでだいたいは分かります。わざわざ英語で詳しい情報を得なければならない人は少数でしょう。つまり日本で暮らしている限り、英語ができなくて困ることはほとんどないわけです。

ＮＨＫ・Ｅテレの「世界へ発信！ＳＮＳ英語術」という番組でも、英語は日本語字幕付き。たとえば、京都アニメーションの放火事件後、カナダのトルドー首相をはじめ世界中の人たちがお悔やみをツイートした、という話を取り上げたときもそうでした。使ったのはＮＨＫの海外向け英語放送「ＮＨＫワールド」で報じたニュースだったのですが、その一分ほどのニュースを三〇秒くらい使うことにしたのです。日本の誰もが知っているニュースで、英語も中学生レベルのやさしい単語しか使っていない、キャスターの発音も明瞭なので、教材としては最適です。私は、このニュースなら日本語字幕はいらないと思ったんです。むしろ英語の字幕があるほうが良い。ところが結局、このときも日本語字幕を付けることになりました。日本語字幕は視聴者からの強い要望だと聞きました。

ただし、番組を見ている人の中には英語を本気で勉強している方もいて、英語字幕を希望する声もあるので、英語と日本語の両方の字幕を入れたり、たまに英語字幕だけにしたりを部分的に試みたこともあります。英語字幕があれば、目で確認しながら耳で英語を聞くことができて、勉強になります。日本語字幕だと、分かった気になるだけで、英語学習には全く役に立ちません。それでも「日本語の字幕」について不満は余りないようです。

このことから判断すると、表向きは「英語を話せるようになりたい」という人が多いですが、切実にそう思っている人は少ないのではないでしょうか。

「吹き替え映画」への違和感

齋藤　映画も、字幕スーパーではなく、吹き替えが増えているんじゃないでしょうか。

鳥飼　以前、民放の番組審議委員を務めていた際に「海外の映画やドラマ、インタビューなどを放送するとき、吹き替えではないほうが良いのではないか」と提案したことがあります。英語を話せるようになりたいというニーズがあるなら、民放もそれに応えるべきではないか、というのが趣旨でした。吹き替えにすると、英語の音声はすべて消えてしまいますからね。字幕にすれば、音は残ります。

ところが、一顧だにされませんでした。「吹き替えでも、視聴者から苦情はいっさい来ません」とのことでした。字幕より吹き替えのほうが安いし、視聴者が満足している以上、それを変える必要はない、というわけです。これが英語に対する日本人の現実の姿なのでしょう。個人的には、吹き替えは違和感があるんですけどね。ふつうの日本語とは違うでしょ。

齋藤　吹き替えというのは、それ自体がギャグになるんですよね。その昔、友近さんとなだぎ武さんがよくやっていたように。あの下地になっているのは、声優の方が工夫を重ねて培ってきた吹き替えの文化です。ふつうの日本語とはちょっと違う、英語のセリフを〝いかにも〟な感じで翻訳しているわけですね。

しかしテレビならまだしも、映画館まで吹き替えで上映されるケースが出てきたときには、ショックを受けました。

鳥飼　私も以前、そうとは気づかずに映画館に入ってしまったことがあります。リチャード・ギアが日本語を喋っているんですよ（笑）。あれにはびっくりぎょうてん。

齋藤　ハリウッド映画は英語で、フランス映画はフランス語で見ないと、風情が出ないですよね。たとえ意味は分からなくても、字幕に頼ればいいんですから。

鳥飼　そのとおりです。でも大ヒットした『アナと雪の女王』も、映画館では軒並み吹き替え版が上映されていましたね。あれが日本人の本音なんですよ。だから私は信じないんです、英語ができるようになりたいなんて言われても。（笑）

英語力で人の能力を測る危険性

齋藤　当たり前の話ですが、日本人全員が英語を話せるようになる必要はないですよね。ところが、一方で話せなければならないという強迫観念のようなものがある。そうしないと日本は世界から取り残される、と。

だから、入社試験や昇進試験で英語力を問う企業も少なくありません。英語公用語化を打ち出しているケースは別ですが、国内の企業であれば、英語を使う職種は限られるはずです。そうすると、必要もないのに英語を学ばされている可能性がある。それが日本全体の生産性にマイナスの影響を与えているのではないかという視点は、重要だと思うんですよ。

鳥飼　日本市場で売るのに英語は要らないですし、中国で商売をするなら中国語を知らなければうまくいかないでしょう。英語が不可欠かどうかは、職種によりますよね。

齋藤　もし英語が苦手というだけで門前払いされる、もしくは昇進に不利ということがあるとすれば、非常に本末転倒な感じがします。生産的な能力のある人が、社内事情のせいで時間と労力をかけて使いもしない英語を学ばなければならないとすれば、これもたいへんな損失ですよね。

大事な交渉ほど、プロの通訳者に任せるべし

鳥飼　たしかに外国企業との商談の場では英語が必須かもしれませんが、私の知るかぎり、多国籍企業や外資系の大企業はたいてい通訳・翻訳室を持っていて、そこに通訳者や翻訳者がいます。日本企業でも製薬会社などはグローバル展開なので、正社員として通訳・翻訳の専門家を採用しています。商談にしても海外企業との交渉にしても、組織のトップや担当者が無理をして英語で渡り合うより、それぞれ言いたいことを母語で主張し合い、プロに訳してもらったほうが過不足なく進行するし、間違いも少ない。

齋藤　そうですよね。商談で複雑な交渉をして契約を結べるほどの英語力は、非常に高度です。多少話せるレベルで、ネイティブ・スピーカーかつ専門的な知識を持つ相手と対峙するとしたら、圧倒的に不利になる。わざわざ相手に有利な土俵を、自ら用意するようなものです。そういう場合は専門の通訳者を入れないと危険でしょう。

鳥飼　文書のやりとりなら、まだ時間がありますから、辞書を調べたり推敲したりできます。しかし話すとなると、反射的に対応する必要がある。相手がネイティブ・スピー

カーだとすれば、もう負け続けるのは目に見えている。そこに突撃するのは無謀です。

齋藤　私も以前、同時通訳の方にアドバイスを受けたことがあります。日本語で高度な内容を話せる人ほど、通訳者を付けるのがルールですよ、と。英語力が足りないと、高度な内容を伝えきれませんからね。

鳥飼　政治家の場合は特に危険だと思います。英語が得意だと自負している人が外国の要人と通訳者を入れずに話すのは危ないんです。実際、英語力があるとされる日本の政治家が、英語で失敗した例もあります。パーティの席で雑談する程度なら許容範囲ですが、国益を左右する場では、きちんと通訳者を入れないと。

ライシャワー元・駐日米大使は、日本で育ったので日本語は堪能でしたが、公式の場では必ず母語である英語を使い、西山千さんという通訳者が日本語との仲介をしました。

齋藤　ロシア語の通訳者やエッセイストとして活躍された米原万里さんの著書によると、二度にわたる世界大戦の教訓として民族自決のルールが確立したため、国連などの国際会議の場で、母語による演説が認められるようになったのだそうです。

鳥飼　ＥＵは全加盟国の公用語をＥＵの公用語にしていますが、国連の公用語というのは、元々は第二次世界大戦の戦勝国の言語で、英語・フランス語・ロシア語・中国語・

スペイン語でした。それに一九七三年になってアラビア語が加わって六言語ですが、自分の国の言語で演説して公用語に通訳することが認められているんです。

齋藤　そのほうが意味はブレないし、文字どおり自分の言葉で話していることになりますからね。

それに同時通訳の方の技術も、凄まじいものがあります。以前、外務省の仕事で韓国でスピーチした際も、私が聴衆の方々に日本語で話しかけると、即座に訳してくださいました。何より驚いたのは、私が何かジョークを言うと、その瞬間にみんなが爆笑してくれたこと。ジョークというのは、内容だけではなく言葉の選び方や話す順番によってもウケ方が大きく違ってきますよね。翻訳が迅速・正確なだけではなく、ニュアンスまで的確に伝えてくれたことが分かります。

すっかり気分がよくなった私は、その後も次から次へとジョークを飛ばして現地の方々とすっかり打ち解けることができました。間に優れた通訳の方が入ることで、コミュニケーションはこれほどスムーズに進むのかと驚きました。

鳥飼　そのときの通訳者は、終わった後でヘロヘロになっていたんじゃないですか？（笑）韓国の場合は、大学・大学院で通訳者を養成しているんです。特に日本語―韓国語の通訳には力を入れているようで、日本に留学させたりもしているので、優秀な通訳者が育っています。

中国も、最近は欧米にならって、通訳者・翻訳者を養成する大学院コースを充実させています。学問分野を問わず、他国からの研究者の招聘にも積極的で、欧米だけでなく、日本の研究者も招かれています。私の教え子も、中国の大学院で日本語―中国語の通訳を指導しています。

齋藤　そうなんですか、やはり通訳者の重要性は、他国でも同じなのですね。通訳をはさんでのコミュニケーションの経験でいうと、ある英語圏の新聞社が日本の不登校や引きこもりについて取材に来られた際、最初に英語で挨拶をしたら、同行していた通訳の方が帰ってしまったんです。あなたは英語ができるらしいから、と。

たしかにおよその話なら英語でも問題ありませんが、難しい社会問題を厳密に語るとなると別ですよね。少々もどかしい感じが残りました。

そうかと思えば、あるエジプトの新聞記者が日本の教育について取材に来られたときには、アラビア語の通訳の方が同行されていたのですが、知的なやりとりが実にスムーズにできました。私が日本語で何か答えた後、次に出てくる質問がきわめて的確だったのです。これはすべて漏らさず訳している証拠でしょう。お互いに気持ちがよくて、最後はガッチリ握手をして別れたほどです。

鳥飼　それは優秀な通訳者だったんでしょうね。素人通訳者だと、話が嚙み合わなくなったりします。専門性の高い内容は、優秀なプロ通訳者に依頼したほうが確実です。生命がかかっている医療通訳や人生がかかっている法廷通訳は、プロとして専念できる環境が整っていないのが問題です。それも英語以外の言語の通訳者が圧倒的に不足しています。日本はどうしても英語一辺倒ですから。

英語の〝植民地〟になりたいのか

齋藤　だいたい母語がありながら英語にこだわるのは、ある意味で植民地的な悲哀に近い。不得手な英語でコミュニケーションをとらなければいけないのは、〝宗主国〟の軍門に降るようなものでしょう。

鳥飼　内田樹さんによれば、宗主国は植民地では、オーラル、つまり話し言葉だけ教えるそうです。宗主国が大英帝国なら、簡単な会話は英語でできるようにして、現地語の使用を禁じる。そうすれば宗主国の指示・命令を伝えるのに便利ですからね。しかし、英語の読み書きは教えない。うっかり読み書きを教えると、教養的に宗主国の植民地官僚を凌駕する人間が出てきてしまうから。知的な逆転現象が起きると、支配者が大したことを言っていないのがバレたり、知性のレベルが分かってしまう。植民地の人々が読み書きを学んで批判的思考力を持ったら支配は難しくなりますよね。

今の日本は、やたらと「英語を話す」ことにこだわっています。これはもう、自己植民地化そのものだと思うときがあります。

齋藤 マハトマ・ガンジーは著書『真の独立への道』（田中敏雄訳／岩波文庫）の中で、英語教育を止めるべきだと訴えています。「何十万何億の人々に英語教育をすることは、隷属状態に陥れるようなもの」と。

イギリスの植民地だった当時のインドにおいて、多くのインド人を支配し、搾取していたのはイギリス人ではなく、英語のできるインド人だったそうです。言語によって支配されていたわけです。そんな状況を打開するためにも、またインド国民としてのアイデンティティを失わないためにも、母語をこそ一生懸命に学ぶべきだと訴えたのです。

鳥飼 結局、そのガンジーの思いも叶わず、英語はインドの準公用語になっています。

しかしそれは、インドがもともと多言語国家で、植民地時代に使っていた英語を共通語にするしかなかったという面もあります。

インドといえば、ラビンドラナート・タゴールという詩人がいます。一八六一年に生まれ、一九四一年に逝去。一九一三年に、アジアで初めてノーベル文学賞を受賞しています。母語であるベンガル語で書かれた作品が英訳され、欧米での評価が高まったのですが、タゴールは自分で英訳したそうです。

ところが晩年、彼は友人に宛てた手紙で、このことをひどく後悔しています。作品を理解してもらいたい一心で英訳したけれど、英国、つまり宗主国にすり寄った訳をしてしまったと。ベンガル語の原作だけに留めておけばよかったと書いています。

そういう、母語と英語との葛藤も知らずに「インドの人は英語ができていいな」などと羨ましがる若者もいますね。

齋藤　このままだと、日本も母語を英語にしようとか言い出す人が出てきそうですね。（笑）

鳥飼　出てきますよ。もういるかもしれません。赤ちゃんのうちから英語漬けにしようとする若い親がいるくらいですから。英語を教える幼稚園はもちろん、英語だけで過ごす保育園やインターナショナル・スクールも珍しくありません。

日本人の英語への思い入れはすごい。終戦からわずか一ヵ月後には、『日米会話手帳』という英会話本が発刊されて大ベストセラーになっているんです。まだ焼け野原で食べ物もろくにない中、日本人はこれを争って読んだわけです。ラジオの英語講座も大人気でした。戦争に負けて、これからは英語ができないと生きていかれない、と誰もが思ったんでしょうね。二〇〇〇年には、英語を第二公用語にしようという構想もありました。

齋藤　もしも英語が母語になれば良かったと思う気持ちを持つ人がいるとすれば、それは非常にさもしい考えだと思います。自ら言語的植民地化への道を突き進むようなものですから。

日本は明治維新後の近代国家化も戦後復興も、すべて日本語でやり遂げました。世界史に残るほどの奇跡的な急成長を二度も経験していながら、なお日本語に自信が持てないとすれば、本当に不思議ですよね。

鳥飼　実に不思議です。どうしてこんなに、日本語に誇りを持てないのか。明治期に植民地にならず近代国家を作り上げることができたのは、当時の日本人の努力の賜物でしょう。そのおかげで日本語も守られたわけです。海外から大量に持ち込んだ欧米の書物をどんどん日本語に訳したから、一般の人も読むことができて、啓蒙されました。

齋藤　その作業によって日本語の語彙も一気に増えましたよね。

鳥飼　福沢諭吉や西周をはじめ、当時の日本人に感心するのは、それまでの日本になかった新しい概念を表す日本語を創り出したことです。"society"は「世間」ではないと考えて、苦心惨憺の末に「社会」としたり、"liberty"を「自由」、"philosophy"を西周は「希哲学」と訳したのが「哲学」になって定着しました。今の日本で当たり前に使っている言葉の礎は、明治に創られているんですよね。

齋藤　「主体的」や「積極的」もそう。今は「ケンリ」といえば「権利」ですが、もともと福沢が作った言葉は「権理」でした。利益ではなく道理であると。考えてみれば、こちらのほうが筋は通っていますよね。

この下地としてあるのは、漢語の知識。当時の叡智によって英語を的確に翻訳したおかげで、日本語の語彙は非常に充実しました。だから今日、高等教育はどこまで高みを目指しても日本語で学習できる。これは本当に素晴らしいことだと思います。

先日もあるお医者さんに伺ったのですが、日本の医学教育は最終段階まで教科書も含めてすべて日本語でできます。当たり前に思われるかもしれませんが、これこそ独立国・先進国の証しなんだと。実は大学の医学部から英語の教科書に頼らざるを得なくなる国は、けっこうあるそうです。

鳥飼　そういう事実をなぜか軽視するんですよね。どのような分野も母語である日本語で学ぶことができるというのは大変に幸運なことで、だからこそ、日本からノーベル賞受賞者を多く輩出できている。それなのに、ひたすら自己植民地化への道を歩もうとしている。いったいどこへ進もうとしているのか。

齋藤　自己植民地化を肯定するためによく使われる標語が、「グローバル・スタンダード」だと思うんです。でも、この言葉に騙されてはいけない。よく指摘されるように、あれは「アメリカン・スタンダード」でしかない。それを押し付けられているだけです。

鳥飼　そうなんです。「グローバル化」とは「アメリカ化」だというのは、海外の学者も以前から指摘しています。ところが「グローバル」というとオブラートに包まれて、世界を相手にしているように錯覚してしまう。「カッコいい」とか「乗り遅れてはいけない」という印象が作られてしまうのです。

「授業をすべて英語で」の虚妄

齋藤　実際に今、大学教育は英語で行うべきだという意見が強くなっています。日本人の教員が日本人の学生向けに英語で授業をやれ、と。ずいぶん滑稽な図だと思いませんか？

鳥飼　客観的に見たら滑稽ですよね。でも、国立大学はそうなっているようです。たとえば日本文学研究のような分野でさえも、英語で講義をするように要請されているらしいですよ。私立大学にもひたひたとその波が押し寄せています。「スーパーグローバル大学」になるためには、専門科目であっても英語での講義が必須ですから。

齋藤　問題は授業の質です。レベルの高い教育は日本語でもできる。これが大前提として理解すべきことです。それなのに、なぜわざわざ教員にとっても学生にとっても日本語より不得手であろう英語で授業をする必要があるのか。必然的に質が落ちるのではないでしょうか。

鳥飼　質は落ちるでしょう。教員は教えたいことの半分くらいしか教えられず、学生はさらにその半分くらいしか理解できなかったりするため、必然的に中身は薄くなります。留学生のために英語の授業が必要だとされていますが、日本に留学する学生の多くは英語母語話者ではない。むしろ日本語教育を充実したほうが留学生のためになるでしょう。

だいたい日本の大学院で日本文学の授業を英語でやるとはどういうつもりなのか。今後はドナルド・キーンやサイデンステッカーのような日本文学研究者は生まれませんね。

齋藤 ドナルド・キーンさんは日本語こそ日本の最大の財産だと仰っていましたからね。それを自ら邪険に扱おうというのは、宝の持ち腐れでしかない。

しかしその流れが進むと、大学で教員を採用する際も、英語の能力が条件になるわけですよね。専門分野のクオリティは多少低くても、英語ができる人を採用せざるを得ない。それは学生にとって明らかにマイナスです。

鳥飼 ものすごい損失です。日本の大学の研究も教育も危ういですよ。

齋藤 大学の優れた教員でも、英語はそれほど得意ではなかったりします。それで何も問題はないと思いますけどね。

鳥飼 国際○○学部のような学部が新設されると、授業をすべて英語で行うことを〝売り〟にするケースも多い。そういう学部の学生は、英語力で人間を分類する傾向が出てくるそうです。それも中身を問うのではなく、ただ英語の上手下手だけ。そうすると、必然的に最上位にランクされるのはネイティブ・スピーカーの教員で、次がネイティブ・スピーカーのように話せる帰国生。「純ジャパ」教員は、それ以下にランクされるそうです。

「純ジャパ」とは、日本で生まれ育ち日本で英語を学んだ人たちを指すようで、最下位は「純ジャパ」学生となりますね。

齋藤　まさに植民地政策ですね。

鳥飼　英語が不得意な日本人教員は、学生に露骨にバカにされるので、授業がやりにくいそうです。高度な専門性を持っていたとしても、それが大学で生きない。

齋藤　何かのルールを作って植民地根性を助長してしまうのは、非常に危険ですよね。日本はもともと文化的にレベルが高く、誇りを持つだけの内容を持った国です。日本語はその象徴的な存在でしょう。こういう言語を作り出すことはもうできないのですから、もっと大事にしないと。その意識があまりにも足りない気がします。

むしろ、これからも日本語できわめて高度な社会を作り上げることが、日本の強さを維持する必須条件だと思うんです。それは科学技術の分野でも、文化芸術の分野でも、あるいは経済や経営の分野でも、すべて日本語で考え、表現し、意見交換するほうが自分たちの能力を発揮しやすいはず。結果的に、それこそ〝グローバル〟で活躍できる日本につながるのではないでしょうか。

もちろん、他の言語も同様です。タガログ語でもベンガル語でも、それが国家や民族の宝だと思うんですよ。それを英語によって壊滅させるべきではない。

鳥飼　もっと自分の母語に誇りを持ってもいいですよね。もちろんそれは傲慢になることとはまったく違う。自分の母語を大切にすることで、他者の母語を尊重できるようになる。母語を使うのは人間の基本的人権だという考えが、多言語社会の基本です。

異質な世界を知る——英語を学ぶ意味

齋藤　とはいえ、日本人として日本語を大事にする一方、英語の勉強も放棄していいわけではありません。

鳥飼　話がそこに来ましたね。日本人が英語を学ぶ意味は、日本語とは違う外国語を通して「異質な世界」を知る、という点にあると思っています。日本語と英語とでは、文の組み立ても語彙も、さらにはコミュニケーションの方法や発想の仕方までまるで違います。よくぞこれだけ違うなあ、と思うほどです。

でも、その違いを学ぶことで、世界が広がる。多角的な視野を持てるようになる。同じ人間でもこんなに違うのかと知ることは、驚きであり、楽しみでもあります。英語はその一助になるのではないでしょうか。実利的な目的だけではなくて。

だから仮に将来、ＡＩがすべて瞬時に翻訳する時代が来たとしても、日本人は英語を学び続けるほうが良いと思います。

齋藤　たとえば日本語の場合、主語を省略することはよくありますが、英語では明確に存在しますよね。だから、川端康成の『雪国』の有名な書き出し「国境の長いトンネルを抜けると雪国であった。」だけでも、英訳するのは意外に難しい。サイデンステッカーは原文にない "the train" を主語にしましたが。

鳥飼　あれもいろいろ議論がありますよね。本当に "the train" でいいのかとか。

齋藤　かといって、単純に主人公の "Shimamura" とするのもおかしい。トンネルを抜けたのは Shimamura だけではないので。哲学者の永井均さんは、この一文に主客未分、つまり主観も客観もはっきりしないという西田幾多郎的な世界が表現されていると説いています。要するに人間ではなく、場を表しているということですね。

鳥飼　主語を明示しないことで、そういう含みを持たせている。

齋藤　あるいは、日本語では七五調が心地いいですが、英語ではたとえば"No music, No life."というフレーズが格好よく聞こえます。こういう言語の美学の違いを知るだけでも、面白いかなと。だから、外国語を一つやるかやらないかは、すごく大きいですね。かつての旧制高校では、第一外国語として、英語の他にドイツ語やフランス語のクラスもありました。そういうふうに分かれるのも面白いと思います。それぞれの言語によって世界がまた違うので。

鳥飼　外国語を学ぶことは、異文化への窓を持つということです。それぞれの言語はそれぞれ異なる世界を持っているので、理想を言えば、大学では英語以外を選ぶといいですよね。高校まで英語を勉強したので、あとは自分で学び続けるとして、大学からはアラビア語をやるとか、スペイン語をやるとか。そうすると異文化への窓が増えて、英語とはまた違う世界が見えてきます。

齋藤　中高で学んだ程度の英語力があると、ツイッターでもユーチューブのコメントでもある程度は読めますよね。そういうベースがあると、他の語学も学びやすいのではないでしょうか。

鳥飼　ソーシャル・メディアの時代ですから、英語でツイートを読むだけでも、世界の動きや流れが瞬時に分かって面白いですし、それがきっかけで他の言語の学びにつながることもあるでしょうね。

姓名のローマ字表記をどう考えるか

鳥飼　話は変わりますが、二〇一九年になって、日本人名のローマ字表記についてちょっと話題になりました。五月に日本人名のローマ字表記について、「姓→名」の順を推奨するという提案が文科大臣と外務大臣から出され、政府内で調整が続きました。十月には、国の公文書では「姓→名」の順にすると決定し、地方自治体や民間企業に対しても「配慮を要請」しています。読売新聞が七月から八月にかけて行った世論調査によると、六四％が「名→姓」の順で書いているとのこと。齋藤さんはふだんどう書かれていますか？

齋藤　私はローマ字で署名する機会はあまりないですが、たとえば本を出したとき、奥付の著作権表示（©）はたいてい「名→姓」、つまりTakashi Saitoになっています。もうSaito Takashiでいいんじゃないかと提案はしているんですけどね。

鳥飼　NHKはまだ時と場合によって変えているようです。夏目漱石のような歴史上の有名人はNatsume Sosekiですが、現代の一般の人を紹介する場合には「名→姓」のことが多い。では現代に生きる世界的に有名な日本人をどう表記するか。このあたりは微妙でしょう。しかし有名・無名で使い分けるというのも妙ですよね。

齋藤　ダブルスタンダードになりますからね。

鳥飼　もともと「姓→名」の方針を出したのは、二〇〇〇年の国語審議会です。私もその委員の一人でした。一九年を経てなぜか蘇ったわけですが、二〇二〇年のオリンピック・パラリンピックを意識したからかもしれません。

それはともかく、国語審議会答申を受けて、二〇〇二年度版から中学校の検定英語教科書に登場する日本人名は「姓→名」になりました。ところが先の世論調査によると、その教科書で学んだ世代でも「名→姓」と書く傾向が強い。学校教育には全然影響されないんです（笑）。それが、世界の常識、もしくはグローバル・スタンダードだと思い込んでいるらしい。

齋藤　やはり、何がグローバル・スタンダードなのかということを分かっていないんでしょうね。だからとりあえず、アメリカ流にひっくり返しておけばいいと。

鳥飼　姓名の表記は国や言語によってさまざまです。たとえば東欧で「姓↓名」の順の言語もあるし、中国も韓国も、英語で表記する場合にひっくり返しません。習近平（シー・ジンピン）さんは **Xi Jinping** ですよね。スペイン語のように母方の姓と父方の姓を並べる言語もあります。

齋藤　中国に倣うわけではありませんが、もともと東洋の文化では「姓↓名」なので、たとえローマ字表記でもそのまま堂々と名乗ったほうがいいかもしれませんね。日本人が「名↓姓」で名乗るようになったのはいつからですか。

鳥飼　明治時代で、欧化主義の影響です。幕末以来の不平等条約の改正に向けて、アメリカと交渉を開始した頃です。時の小村寿太郎外相は、**Komura Jutaro** と署名していたのを **Jutaro Komura** に変えています。近代国家となったことを証明して交渉するには、欧米化して欧米に追いつかないと、という悲壮な思いで、鹿鳴館に象徴されるような欧米の真似をした時代です。それで欧米式の姓名表記の順番が一気に浸透したようです。

齋藤　黒船以来、まだ日本人にとって欧米は怖い存在でしたからね。その文化に倣って姓名をひっくり返すくらいお安い御用ですよと。その柔軟さがいかにも日本的ですが、もう令和の時代ですから、自分たちで「姓↓名」の順にするのだと決めたことは、評価してよいと思います。無意識的な自己植民地化から脱するためにも。

鳥飼　これはアイデンティティの問題だ、というのが二〇〇〇年の国語審議会での議論の出発点でした。いかに自分たちの言語文化を守り、同時に多様な文化を認め合い、個人のアイデンティティを尊重するか、の問題です。

どのような氏名表記にするのかは、基本的には自分で選択することです。言語によっては、一人の個人が苗字や名前をいくつも持っていることがあります。苗字は一つ名前も一つが普通の日本で、長過ぎるという理由で勝手に一部を省略され、後から本人証明ができないなどの不都合が起きています。自分の名前をどう使うかを選ぶことは、本人の権利です。夫婦別姓を望む人たちについても同じです。家庭を壊そうなどということではないのですし、旧姓が使えないと不便だということだけでもなく、自分自身でありたいということもあるように思います。夫婦別姓を望む人は女性だけでなく男性にもいます。皆が同じように別姓にして欲しいということではなく、それを望む夫婦には認めて欲しいというのが「選択的夫婦別姓」です。そう考えるなら、英語で自分の名前をどう紹介するかというのも、本来は個々人の自由です。ただ官公庁では統一基準がないと困るので、英語の場合は「姓↓名」に揃えましょう、ということだと思います。表象的には表記の問題に過ぎませんが、これをきっかけに個人の名前をアイデンティティという観点から考えて議論が深まるといいなと思います。

三章

〈小学校編〉

発音のペラペラ「感」を身につける

小学校の英語の授業に意味はあるか

鳥飼　公立小学校でも現行の学習指導要領では英語が必修になっていて、五～六年生を対象にした「外国語（英語）活動」で、歌やゲームなどで遊びながら英語に親しむことになっています。「英語に親しむ」のが目的でしたから、文字は教えない、中学英語の前倒しはしないという建前でした。

ところが二〇二〇年度からは、五・六年生の英語は教科になり、検定教科書を使って勉強し、成績もつきます。これまでの「外国語（英語）活動」は、三・四年生におりますが、一年生から英語を始める小学校もあります。新学習指導要領では、小学校の四年間で、六〇〇から七〇〇語の英単語を習得することになっています。

一章では「日本人には根強いペラペラ願望がある」という話をしましたが、小学校の英語教育も根っこは同じで、「早くからやればペラペラ話せるようになる幻想」が生み出した教育政策だと考えています。

齋藤　今の大学生は、小学生時代に「外国語（英語）活動」を経験しています。彼らに

「どうだった?」と尋ねると、八割方は「あまり意味がなかった」と。そういう哀しい評価です。ALT（Assistant Language Teacher／外国語指導助手）と呼ばれるネイティブ・スピーカーの先生が授業をするわけですが、楽しいのは英語ができる子だけ。ほとんどの子は特にやることもなく、ただラクな授業だったという印象しか残っていないようです。

鳥飼 たとえば「フルーツ・バスケット」という定番のゲームがありますが、「アイ・アム・バナナ」と言わせている授業を見たことがあります。不定冠詞のaが抜けているのはともかくとして、発音も日本語の「バナナ」のままでしたし、そもそも「私はバナナです」なんて表現を覚えてどうするんですか（笑）。小学校の英語指導は学級担任が中心ですから、先生が完全な日本語で「アイ・アム・バナナ」「アイ・アム・アップル」などとお手本を示して生徒がそれを繰り返すことがある。こういうゲームが楽しそうな子どももいるけれど、後から発音や文法を学び直すことになってしまう。

それで教科にしようとなったのでしょうが、文法は教えないことになっているんです。ところが検定教科書を見たら、過去形もあるし疑問文もある。命令文もあれば、助動詞を使っての丁寧表現まで登場します。これを小学生にどう教えるんでしょう。

齋藤　文法を教えると嫌いになるおそれがあるからダメ、ということですか？　しかし文法というのは、実は外国語を理解するための早道です。基本的な文法構造を分かっていたほうが、早く話せるようになる。それを教えてはいけないというのは、両手を縛るような感じですね。

鳥飼　文法の説明を小学生にしても英語を話せるようにならないし、英語嫌いになってしまうということなのでしょうが、基本的な文法を教えないと、かえって分かりにくいことがあります。疑問文になると語順が変わることを、どう説明するのだろうかと思いますが、説明しないで覚えさせるのでしょうね。でも、文法を教えずに外国語を教えるというのは、ルールを教えないでスポーツをやるようなものでしょう。文法というのは、言語の基本ルールですから、それを知らないと、応用がきかない。

齋藤　何もルールが分からないまま「とにかく慣れろ」と言われても、子どもたちだって困るでしょう。（笑）

鳥飼　ちなみに学習指導要領によれば、小学校で英語の授業をする目標は「外国語によるコミュニケーションにおける見方、考え方を働かせ、（中略）コミュニケーションを図る基礎となる資質・能力を（中略）育成することを目指す」となっています。よく分かりませんね。

齋藤　もう日本語としておかしい。「見方、考え方を働かせ」という表現はないですよね。意味が分からない。

鳥飼　先日も、とても一生懸命で真面目な小学校の先生が、学習指導要領を何度も読んで、それでもよく分からないと、悩んでいました。

スポーツのトレーニングのように

齋藤　いろいろ理屈を並べるくらいなら、いっそ先のサモアの小学校にならってみたらいいんじゃないでしょうか。文法の基本のルールを、徹底的に高速・反復トレーニングで叩き込んでいくんです。

たとえば“does he”をずっと反復したら、“do he”とは言わないですよね。“he plays”を繰り返せば、“he play”と聞くだけで違和感を覚える。そうやって身体で覚えていくわけです。

鳥飼　基本は教えるけれど説明だけでは子どもはついていかれないので、実際に何度も言わせてみる。身体で覚える。それがトレーニングということですね。

齋藤　そうです。四五分の授業であれば、最初の五分で基本ルールを教えて、残りの四〇分を徹底してトレーニングに使う。そうすると、"do he"と聞いたら気持ち悪いと思うくらいになるでしょう。基本の感覚を身につけさせることは、スポーツのトレーニングでは当たり前です。英語も技能と考えれば、有効なはずです。

鳥飼　なるほどねぇ。私は、どうも、小学校の英語で暗記やドリルを徹底的にやらせるというのに抵抗感があるんですよね。スポーツの訓練を受けたことがないからでしょうか。でも基本ルールを教えた上で反復して言わせるのは、子どもには面白いですかね。

齋藤　むしろこういう授業は、小学生のほうが向いていると思います。彼らは素直なので、短い言葉の反復を徹底的にやりたがる。先生が「もういい」と言ってもノリノリで続けますよ。（笑）

鳥飼　中学になると、特に男子はちょっと恥ずかしがったりしますからね。

齋藤　そうなんです。まあ成長の過程なので仕方ないですが。だからその手前の小学生の段階で徹底的にやる。

それに、ただ反復するというトレーニングは、学力差が出にくいんです。思考力となると、考える子と考えない子の差が出てきます。ところが反復のような運動性の高いものは、ふだん勉強が得意ではない子でもできる。つまり全員に公平・平等なんです。

鳥飼　そういうことですか。学力差が出ないというのはいいですね。話すことが得意ではない子でも、友だちと一緒に英語を繰り返すことで、だんだん慣れてくるかもしれない。

齋藤　全員一斉ではなくても、たとえば班ごととか列ごととか、先生が順番に指名して言ってもらってもいい。いずれにせよ、慣れてくれば一章で話した「度胸」もいらなくなる。とにかく身体で覚えるので、基本的な文法が自然と口から出てくるわけです。

教職課程は音声学を必修にすべし

鳥飼　ただし最大の問題は、基礎的な音の出し方をどう教えるか、です。ここを外すと英語にならない、という音があります。それを小学生のうちから学んでおけば、メリットはとても大きい。ところが、そういう指導のできる教員がほとんどいないのが現状です。いかに教員を養成できるかがカギですね。

齋藤　ネイティブ・スピーカーが教えても、発音できるとはかぎらないですよね。

鳥飼　ネイティブ・スピーカーはダメ。母語だと、意識しないで話しているし発音もできるので、できない人にうまく説明できません。「その発音、違うよ」と注意はできるし、「こういう音にするんだ」とお手本をやってみせることはできるけれど、なぜネイティブ・スピーカーのような音が出せないのか分からないので、具体的に「唇を横に広げて」とか「舌を口の中で丸めて」とか指南できないんですよ。留学時代に、発音が間違っていたら教えてと頼んだので、ホストファミリーが全員で、didn't の [d] と [n] のつながりを私に教えようとしたことがあったんですけど、うまく説明できないんです。こちらは何が悪いのかさっぱり分からない。で、彼らは見本をやって見せてから、ひたすら何度も私に言わせてみて、「違うな」「なんか違う」などと首をかしげるんです。最後に「それだ！　それでいい！」となった時には、全員が疲労困憊でした。

齋藤　たとえば今は電子黒板もあるので、口の形を示しながら発音を教えるような教材があってもいいですよね。これなら、たとえ発音の下手な先生でも、「繰り返して」と指示を出すだけで済みます。

鳥飼　口の形を画像や映像で見せても、それだけでは難しいかもしれません。口の中での舌の位置や動きまでは分からない。昔、発音講座のビデオを見たことがありましたけど、口のアップが延々と映っていて気持ち悪いだけで、結局、肝心の口の中で舌がどうなっているかは分かりませんでした。

発音の指導で決定的に重要なのは、音声学の知見だと思います。音声学の専門家の指導を見たことがありますが、歯医者さんにある歯型のオバケのようなものを使って、獅子舞みたいに開けたり閉めたりしながら、「口をこう開いて舌は顎のここにつけて、すぐに離す」などと丁寧に教える。そのとおりにやってみると、英語の音が出るようになるんです。

だから、なぜ教職課程で音声学を必修にしないのかと思いますね。先生が発音に苦手意識を持っているし、教えられないから、生徒も発音できないんですよ。

齋藤　「ペラペラ・コンプレックス」の裏返しで、発音に自信を持つことができれば人前で英語を話す勇気が出てきますね。日本人がうまく話せないのは、発音が悪くて通じないのではないかという怯えがあるから。それで声が小さくなってますます通じない、という悪循環に陥る。

鳥飼　相手に“What ?”とか聞き返されると、ますますね。

齋藤　一方、英語は世界的な言語なので、それぞれの国の訛りがあってもいいという考え方もありますよね。

鳥飼　そうなんです。だから日本人も日本語訛りの英語で構わないということを、以前『国際共通語としての英語』（講談社現代新書）という本で書きました。とはいえ、ハチャメチャ英語でも困るんですよね。使うときに母語の影響を受けるのは仕方ないのですが、これを守らないと英語にならないという基本的な音とリズムはきちんと学んだほうがいい。

しかし、発音にコンプレックスがあるというのはおっしゃるとおりかもしれない。だから、ネイティブ・スピーカーに憧れるし、帰国子女にはかなわないと思ったりするのでしょう。話の中身に憧れるのではなさそうです。

齋藤　帰国子女が一目置かれるのは、ひとえに発音がいいからでしょう。話の内容まで言及する人はいません。実際、大したことは言っていなかったりする人もいる。（笑）

鳥飼　アメリカに語学研修で行った学生が、「いいなあ、アメリカ人は英語がペラペラで。アメリカ人になりたい」なんて言ったりします。だから、発音に特化して対応してあげたほうがいいかな、とは考えていたところです。

齋藤　そもそも日本人は、発音の練習を徹底的にはしてこなかったですよね。

鳥飼　そういえば、そうですね。だから、まずは先生が自信を持って教えられるように、教職課程で音声学や音韻学を学ぶことは役に立つと思います。

英語の持ち歌で発音を学ぶ

齋藤　私の知り合いのジャズシンガーに、女性を集めて英語の歌のレッスンをしている方がいます。彼女によると、たとえば"everything"だったら「エ」「ヴ」「リ」とゆっくり一音ずつ言葉を移すように教えると、皆の発音がすごくよくなるそうです。

鳥飼　歌はいいですよね。そういえば、ある外国人の英語教員が言っていました。日本人はこれだけカラオケが好きなんだから、もっと英語の曲をカラオケで歌えばいいじゃないか、と。たしかに英語は一つ一つの音というより、強弱が命です。英語の強弱は音符と連動しているので、歌うことで英語の発音とリズムが身につくと思うんです。

齋藤　カラオケはいいですよね。私は英語の教職課程の授業で、毎週一人ずつ前に出て歌ってもらっています。「君たちはもちろん、カラオケでは英語の歌しか歌わないよね」「生徒の前で恥ずかしがらずに歌えてこそ英語教師だ」などと焚きつけて。

鳥飼　それはいいですね。そんな授業を実践されているとはビックリ。

齋藤　「まず隗《かい》より始めよ」で、私が最初にフレディ・マーキュリーになり切って"I was born to love you..."と歌ったんです。別に発音はうまくないですが、度胸だけはあるので。（笑）

そうすると、最初はビビっていた学生たちも、もう逃げられないと観念すると突き抜けて歌うようになる（笑）。人前で歌う以上、原曲を聞いて一生懸命に練習するので発音のトレーニングになるし、度胸もつきます。

鳥飼　いいですねえ。齋藤孝さんがフレディ・マーキュリーを熱唱するというだけでも、すごい。その教職課程の授業をぜひ参観させていただきたいです。

齋藤　今の学生はわりと音感がいいので、歌はうまいんです。しかも英語もそれなりに勉強している。だから英語の曲を歌うと、発音がいっそう際立ってくる。急に英語がうまくなったように感じるんですよ。最近ではラップをやる学生も出てきて、それがすごく速くてうまかったりする。

その意味で、カラオケは英語教師を目指す人のみならず、英語の発音に自信を持ちたい人にとって最高のツールだと思いますね。

鳥飼　たしかに最高ですよね。英語で話せと言われても、一人ではなかなかできません。でも歌なら楽しいじゃないですか。

齋藤　そうなんです。すべての日本人は英語の持ち歌を最低一曲は持っていただきたい。外国人と話していて言葉に詰まったら、"I was born to love you..."と歌えばいいんです。いつも「荒城の月」では寂しいですから。（笑）

鳥飼　発音のトレーニングのために英語で歌うというのは、本当にいいアイディア。もっと浸透するといいですね。

齋藤　特に小学生は、歌に限らずものまねが好きで、耳で覚えてしまうので、こういうことが得意ですよね。以前、私は『からだを揺さぶる英語入門』という、シェイクスピアの名言をはじめとした英文の本を朗読CD付きで出したことがあります。英語を読めない小学生がそのCDを聞いて、『ジュリアス・シーザー』の一節を惚れ惚れするような正確な発音で暗唱できるようになりました。

鳥飼　身体で覚えていく年頃なんですね。好奇心をうまく利用するのは効果的かもしれません。

齋藤　英語の得意な私の友人に言わせると、正確な発音ができれば、正確に聞き取ることもできるようになる。たしかに「l」と「r」など、自分で使い分けられないと人の発音も聞き分けられないでしょう。

鳥飼　そのとおりです。どう違うか分からないと、聞き分けられない。そして聞き取れるようになれば、自信がついて話すことにつながる。いいサイクルに入るわけです。

「きらきら星」を英語で歌おう

鳥飼　そういえば、小学校の音楽の授業では「きらきら星」を日本語の歌詞で歌っているそうです。英語が正式な教科になるなら、これも原曲の英語の歌詞で歌わせればいいと思うんです。"Twinkle, twinkle, little star..." と。この歌詞は発音の練習になりますよ。まず、日本語では「キラキラ」という擬態語なのに、英語では twinkle「キラキラ輝く」という動詞になる、という言語の違いも分かるし、tw とか kl など、英語の特徴である子音連結が出てくる。これを攻略すると英語らしくなります。

齋藤　そうですね。この歌詞にはペラペラ感があります。意味も簡単だし、うまく歌えればそれだけでカッコいい。

それに、よく使う"little"や"star"の発音を徹底的にマスターできますね。和製英語としての「リトル」や「スター」ではなく、ネイティブ・スピーカー風に発音するわけです。これらの単語だけでもペラペラ感を出せれば、子どもは得意になるし、きっと親も自慢したくなるでしょう。「うちの子の"little"を聞いてよ」と。(笑)

鳥飼　これをきっかけに、ペラペラ・コンプレックスを打ち破る。うん、小学生の英語の勉強に、歌は最適。

齋藤　さらに言えば、"little"にはlがあり、"star"にはrがありますね。これをきっかけにして、日本人が苦手とするlとrの違いを知る第一歩にできるんじゃないでしょうか。

鳥飼　そして、英語の[t]は、日本語の「ツ」じゃない、舌を上あごにつけるんだと教える。そして、子音と子音が間に母音を入れずにつながる、子音連結を教える。twはtの後に母音のuを入れない。入れると日本語になっちゃうから。

齋藤　「きらきら星」だけでも、いくつもの単語やフレーズを学べそうですね。それをブロックに分けて、一つ一つマスターしていくようなカリキュラムを組めばいい。一曲終わるころには、「きらきら星」をネイティブ・スピーカー風に歌える小学生が続出し

ます。これはすごいことです。同じ調子であと何曲か用意したら、日本の小学生はいったいどうなってしまうのか。（笑）

鳥飼　それこそクイーンの曲でもいいですね。ビートルズは子ども向きでない英語が出てきたりするから、フレディ・マーキュリーの歌詞のほうが良いかもしれない。

齋藤　"I was born to love you" なら小学生でも意味は分かりますよね。"born" と "love" でまたlとrの違いも学べるし、"to love" で不定詞の基礎を知ることもできます。

鳥飼　齋藤さんオススメのこの曲を歌っていれば、中学生になって文法を学ぶとき、既視感があるかもしれない。あ、あの歌の "to love" はこういうことだったのかと。

あるいは、大ヒットした映画『アナと雪の女王』のテーマ曲 "Let It Go" でもいいですよね。みんな「レリゴー」なんて楽しそうに歌っていますが、英語の意味は日本語の「ありのままに」とは違う。高校生くらいになったら、その違いを教えてあげたいけど、小学生はそこまでいかなくていいから、「レリゴー」じゃなく、本当はこう発音すると教える。それでちゃんと全部を英語で歌えたらもっと楽しいはずです。幼稚園生でも歌っているくらいですから、けっして難しくないでしょう。ついでのことに、『アナ雪』の英語タイトルは "Frozen" なんだと教えてあげたい。「冷凍食品」は "frozen food" だというのも教えたら、子どもたちはどんな反応になるでしょうか。

齋藤　最近は、有名な曲ならユーチューブにカラオケ版が上がっています。また小学校の中には、教室に電子黒板のようなＩＴ機器を導入しているところもけっこう増えてきました。つまり教室でユーチューブを流せるので、英語の授業をカラオケ教室に変えるのは簡単。あとは防音設備を整えていただいて。（笑）

鳥飼　あんまり大々的にやると、著作権が引っかかる？（笑）

齋藤　義務教育の一環ですからね。学校内で利用する分には、何とか許してもらいたいところです。

聞き取れる快感を経験させる

齋藤　それからもう一点、「ペラペラ」と同時に、聞き取れる喜びを味わってもらうこともすごく大事だと思います。誰かが話している英語の意味が分かれば、それだけで嬉しい。聞き取れなくて嫌いになることの裏返しとして、聞き取れれば好きになれるのではないでしょうか。

鳥飼　そうですね。達成感があれば自信につながります。そうすることで、コンプレックスを克服する。小さな成功であっても、何かを達成できたという経験を積み重ねていくうちに、自分だってやればできる、という自己効力感（self-efficacy）が生まれる。これって、英語学習でも大事です。発音から入って「英語の音が出せるようになった」と嬉しくなり、そのうち「あれ、聞き取れるようになったぞ」となれば、自信がついてくる。英語はダメだと思っていたけど、やってみればできるじゃないか、という自己効力感が生まれて、それから後は自分でどんどん努力するようになるわけです。

その一歩として小学校英語で必ず出てくる「読み聞かせ」をどうするかです。今度の検定教科書も、その前の文科省の教材も、先生が「読み聞かせ」をすることになっています。しかも、指導書には「ジェスチャーを入れましょう」「感情をこめて読みましょう」などと書かれている。でも英語が専門ならともかく、学級担任の先生たちにそんな余裕はないと思うんです。

齋藤　たぶん、先生の読み聞かせとCD等の教材の併用がいいかな、と。イントネーションなどを復唱方式で教えるときは先生がやって、同時に「では本物を聞いてみましょう」と言ってCDなどを使う。これなら先生の負担も減るし、本物を聞いて意味を聞き取れれば、子どもたちも嬉しいでしょう。

振り返ってみると、耳で聞いて理解できるという経験が、私の中学・高校時代にはほとんどありませんでした。これはあったほうが良かったなと思いますね。

鳥飼 それもコンプレックスの一因なんでしょうね。洋画を見に行ってもセリフを聞き取れない。だから日本語字幕に頼らざるを得ない。で、自信をなくす。だから聞き取る訓練はあったほうがいいわけですけど、実を言えば「聞き取り」「リスニング」は難しいんです。話すことは自分が頑張れば良いわけで、下手でもなんでも捨て身で喋るならできるけれど、聞くのは相手があることなので、思うようにはなりません。いくら耳に集中しても、何が飛び出すか予測不能な場合も多いし、英語と一口に言っても、話者によって発音やイントネーションは千差万別です。もっとも、現実の世界での「聞き取り」ではなくて、絵本の読み聞かせなら、内容は限定されるし、声優が吹き込んだ教材を聞くなら何とかなるでしょうが。

齋藤 教材としては、たとえば「イソップ物語」とか「桃太郎」とか、短くて誰でもストーリーを知っている話がいいと思います。最初はそれを英語でゆっくり聞いてだいたい理解できたら、次はそれを二倍速にする。それも聞き取れたら三倍速にする。いわば

「三段階リスニング法」です。こうして限界までスピードを上げていくと、理解に快感が伴いますよ。

鳥飼　お願い、それはやめて。三倍速にしてどうする？　どうにかなりそう（笑）。聞き取れたという達成感を味わうと、もっと聞いてみたいという気になるとは思いますけどね。

齋藤　そう、達成感や向上しているという実感が重要なんです。それがあれば、先に進もうという気になれる。これは教育の基本ですね。

できれば、その手順を確立した教材が欲しいですね。そういうものがあれば、みんなの迷いも少なくなるはずです。単純な「イソップ物語」から始めて、次はもう少し語彙の多い物語を用意して、という感じでね。いずれも二倍速、三倍速をワンセットにしておくんです。

鳥飼　やっぱり「三倍速」がセットですかあ。聞き取りには、書いてある英文を音読するのが効果的かもしれません。英語を聞きながら、その英文を声に出して読むことも。

齋藤　三段階リスニング法を通じて、最終的には、聞いているだけで全部分かるという状態に持っていく。初見で聞き取るのは難しいかもしれませんが、何度も聞いたり読んだりしていれば、みんな到達できますよね。

鳥飼　小学生で絵本をそこそこ楽しめたら、もう十分ですよ。二〇二〇年四月から使われる小学校の英語検定教科書は、驚くほど高度なんです。このままでは、子どもが自信を失って英語嫌いになるのではないかと心配しています。次の改訂時にどうすればいいのか、教科書会社は悩んでいると思います。今のような話を参考に、達成感を与えて自信を持たせるような教科書ができるといいですね。

目指すべきはペラペラ「感」

齋藤　小学校の教科としての英語で何をやるべきか、だんだん見えてきましたね。カラオケも動員して、とにかく発音のトレーニングを徹底すればいい、と。（笑）

鳥飼　しかも小中学生なら、英語と日本語はこんなに違うんだと面白がることができる年頃でもありますよね。以前、ある中学校で生徒たちに、英語の音は日本語とこんなに違うという話をして、英語の母音は日本語の四倍も種類があると例を出したのですが、終わってから英語の先生に「あまり母音の違いを説明しても生徒は分からないので、日本語とだいたい同じだと教えているんですよ」と言われてしまいました。日本語と同じだと教えるのはまずいでしょうと思いましたし、生徒たちはびっくりしながらも身を乗り出して聞いていました。中には私の真似をして口を動かしている生徒もいました。同じ人間なのにこんなに違うということを、むしろ積極的に教えたほうが刺激になって良いと思うんですよね。

齋藤　その違いを意識できるようになると、英語ペラペラ「感」が出ますよね。一章でも述べましたが、日本人のペラペラ・コンプレックスには相当根深いものがあります。これは黒船来航以来、仕方がない。

鳥飼　ペリー来航のショックが大きすぎて、DNAに染み込んでしまったのでしょうか。(笑)

齋藤　それに、敗戦のショックもあった。そういう歴史がある上に、言語的にも日本語と英語は距離が遠いですよね。だから英語に対して苦手意識を持つのも、発音がぎこちなくなるのも当然です。

ならばそのコンプレックスを逆に突いて、要は発音問題であると特化してしまえばいい。とりあえず発言の内容は問わず、発音だけトレーニングしてペラペラ「感」が出れば、日本人が一七〇年来苦しんできたコンプレックスはついに解消に向かうのではないでしょうか。

鳥飼　逆転の発想ですね。コンプレックスの源は発音にあると。それが厚いフィルターのようになって苦手意識を生み、先へ進みにくくしている。そこから逃げるのではなく、むしろ正面突破を図る。

齋藤　そうです。今までの小学生向けの英語の授業は、とにかく楽しめること、慣れること、嫌いにならないようにすることが主眼でした。だからトレーニングよりもゲームが多めだったんですよね。「嫌いにならないように」は、いわば「守りの英語」です。しかしこれからは、「攻めの英語」で行ったほうがいい。（笑）

鳥飼　そうか、「守り」から「攻め」へ、発想の転換。私の持論は、「英語で話す内容を持つことが重要」「意味のあるコミュニケーションが肝心」なのですが、小学生にそれを言っても仕方ない。それに「守りの英語」では問題の解決にはなっていない。小学校から英語をやってきた子が、中学生になって「英語は嫌い」と言い出したりするんです。「自分は英語ができないバカだから」と、中学一年生が諦め顔で自嘲するんです。でもよく話を聞くと、ALT（外国語指導助手）の話すことが聞き取れない、発音が分からないから「できない」と思い込んでいるらしい。だったら発音に特化して練習するのは一理ありかもしれない。

齋藤　英語の発音というのは、一般的な学力とまったく関係ないところがナイスなんです。いわゆる勉強ができる子は、理解力と記憶力がいいので、どの教科もおよそできます。しかし英語の発音だけは、ちょっと質が違います。

それに日本人は練習熱心で器用だから、発音もトレーニングさえすれば全員うまくなります。たとえ他の教科が苦手でも、英語に目覚めて勉強への意欲を取り戻す、というプロセスもあり得ますね。

鳥飼　今まで発音できることに気づかなかっただけ、ということですね。挑戦せずして諦めていた。それよりは、まず発音に取り組んでみて、コンプレックスを取り除き、それから英語でのコミュニケーションに取りかかるほうが近道かもしれません。発音攻略で生まれた自己効力感をバネにすれば、英語にも、他の教科にも意欲を持つようになる、というのはあり得るかもしれない。

「意味のあるコミュニケーション」は後から

齋藤　もちろん、英語を学ぶ究極の目的は、意味のあるコミュニケーションができるようになることです。たとえばダライ・ラマが話す英語は、非常に意味があります。あれこそ本当に必要なコミュニケーションの力だと思います。しかし発音はあまりよくないので、ペラペラ感はない。

鳥飼　だから日本人の多くは、ダライ・ラマのような英語を話したいとは言わないんですね。数年前に、ＮＨＫ「ニュースで英会話」でダライ・ラマを取り上げたとき、私は「こういう英語が国際共通語としての英語です。重要なのは伝えようとしている内容です」と強調したのですが、「ああいう英語を話せるようになりたい」という声はそれほどありませんでした。でも、意味のあるコミュニケーションこそが英語学習の目的だということを忘れてほしくないのですよね。

齋藤　ビジネスで必要な英語能力も、間違いなく中身ですよね。ところが多くの日本人が求めているのは、ペラペラ「感」。それなら中身の問題はとりあえず先送りして、まずは小学校の授業で徹底的にペラペラ需要に応えましょうというのも一つの戦略です。

鳥飼　「中身はとりあえず先送り」「小学校ではペラペラ願望に応える」。すごいですね。そういえば、日本人が英語で発言すると、内容は立派なのに「発音が日本人的だ」と批判されることがあります。中身ではなく発音にしか関心がない。

齋藤　意味のある発言をすることは、本当に難しい。それは日本語ですら難しいですからね。そこを鍛えるのであれば、まず思考力と日本語のレベルを上げる必要がある。英語に対するコンプレックスは別問題として考えるべきでしょう。

鳥飼　英語学習の入門期は、あえて思考力を切り離して、思考力は母語で鍛えるわけですね。

齋藤　その通りです。英語の入門期には無理に思考力を混ぜないほうがいいと思います。日本語でできないものが英語でできるはずはないので。（笑）

鳥飼　たしかにそう。大学の授業で、英語でスピーチをさせると、もうグチャグチャで何を言いたいのか分からない学生がいる。そこで「日本語で言ってみて」と言うと、やっぱりグチャグチャでした。（笑）

ポイントは教師力とテキスト

齋藤　発音を徹底すると、クラスの中に帰国子女でもないのに上達する子が出てきます。その子がリーダーになって皆の手本になれば、クラス全体のレベルが上がります。このあたりは音楽の授業で、演奏の上手な子がクラスの演奏レベルを底上げする構図と一緒です。

教育は学ぶ積極性が大事と言われますが、とにかく何か一つでも得意なことが見つかれば、意欲に火がつくんです。発音ができるようになれば、面白くなってもっと学びたいと思うはず。「積極的になれ」とハッパをかけて学ばせるのではなく、学んでいるうちに積極的になっていく。

鳥飼　英語を学ぶ意欲が生まれたら、ゆくゆくはそこに日本語で鍛えた思考力を合流させていく。

齋藤　そうです。小学校で徹底的にペラペラ感のある発音を学んだら、今度は中学校で文法を学ぶ。英語の文法はそれほど難しくないですよね。しかも小学生のうちに文法の原型を身体に叩き込んでいれば、すんなり理解できると思います。そして高校で、意味のあることを読み解いたり、書いたり話したりといったことを学ぶ。こういう段階を踏めば、日本人の英語力は格段に向上するのではないでしょうか。

鳥飼 小中高を接続する英語一貫教育のカリキュラムができました！　ただし、それを実現するためには大きな壁があります。繰り返すようですが、やはり教師の指導力の問題です。発音できない教師が教えるのは、非常に危ういのではないでしょうか。現状では中学校教師でさえ、発音を教えられないでいるし、小学校で英語を中心的に教えるのは英語が専門ではない学級担任です。

齋藤 たしかに先生自身がうまく発音できれば、それに越したことはありません。しかし何より重要なのは、いい発音がどういうものかを知っていること。そして生徒個々人の変化に注意を払うことです。

たとえば何かのセンテンスを読ませて、「昨日より今日の発音のほうが上達している」と褒めるのも一つ。あるいは発音が苦手な子に対しては、「今の〝P〟が最高に良かった」とピンポイントで褒めてもいいでしょう。

先にも述べましたが、褒められた子は自信を持てるし、もっと褒められようと思うようになる。これが勉強への意欲を高めるわけです。

鳥飼　教師力が問われるわけですね。英語力もさることながら、指導力が大事、と。でも自分ができないと、生徒の良し悪しの判断もできないんじゃないですか？

齋藤　もちろんまったくできないようでは話になりません。しかし特別にうまい必要もない。結果的に、教師よりもうまい子が出てきていいんですから。

そこでぜひ鳥飼先生に、「小学生に教える発音」というカリキュラムを作っていただきたいと思います。たとえば「l」と「r」の発音の違いについて、これさえマスターすればいいというものを提示していただくとか。「音声学」というと怖気づいてしまいますが、教職課程の大学生は吸収が早いので、そういうテキストがあれば泣いて喜びます。（笑）

鳥飼　英語の核になる音声を学ぶカリキュラムですね。

齋藤　プラス、奥の手としてCDなりDVDなりを付けて、ネイティブ・スピーカーの発音が分かるようにしておけば親切ですよね。それで、単語レベルでまずペラペラ感が出ることを目指す。それから単語をつなげて「ペラペラで言ってみましょう」とやるわけです。

別にサッカーのコーチだって、必ずしも名選手のようには蹴れません。褒める力とか教室運営能力とかを鍛えて、それに映像などのツールも駆使して、セット感のある指導ができればいいのかなと思いますね。

鳥飼　そしてもう一つ、いい素材が必要です。古典の名作を使うのがいいですね。昨今は「グローバル人材」という言い方をよく聞きますが、その条件の一つは教養として古典を知っていることだと思います。

齋藤　そのとおりです。私は、教養とは「引用力」だと思っています。会話の流れや状況に合わせて、どれだけ的確に引用できるか。たとえばシェイクスピアから引用できないと、英語圏では教養がない人と言われてしまいます。

だからテキストの中に、『ハムレット』の“To be or not to be, that is the question.”などと入れておくといいですね。小学生時代にそれを覚えておくと、大人になってからふと引用できるかもしれません。「つい教養がこぼれ落ちる」「無意識のうちに教養がにじみ出る」とはこのことです。（笑）

鳥飼・齋藤版学習指導要領

齋藤　まずは小学校の一クラスでも、発音を徹底的にトレーニングする実験授業を行ってみたいですね。それがうまくいけば、確実に他のクラスから羨ましがられます。ぜひうちのクラスもマネしようという話になるでしょう。

今、そういうことが全国的なブームになるのはすごく早いと思う。きっとマスコミもすぐに飛びつきます。留学経験もないのに、ペラペラを実現したクラスがここにあると（笑）。そうなるとネイティブ・スピーカーもいらない。

鳥飼　そうすれば文教予算も浮きます。

齋藤　やってみる価値はありますよね。それに、けっしてハードルも高くないと思います。

鳥飼　近い将来、全国の小学生が当たり前のように“Twinkle, twinkle...”と歌っているかもしれない。（笑）

私は今までずっと、小学校に英語教育はいらないと言い続けてきました。でも始まってしまったものは仕方がない。ならばそれを活用しよう。小学校で英語の発音に自信を持って意欲が生まれたら、中学校で文法の基本をきちんと学び、さらに日本語の力がついてくれれば、高校から意味のある英語に挑戦する。

齋藤　そうすると、小中高それぞれで英語を学ぶ意味付けがくっきりしますよね。今の小学校と中学校の学習指導要領は似すぎていますから。

鳥飼　似ているどころか、そっくりです。よく読まないと違いが分からない。コピペしたのかなと思ったのですが、どうやら英語教育として一貫していることを示したかったようです。

齋藤　小中がほとんど同じは、変ですよ。きちんと役割分担したほうがいいですよね。鳥飼先生のように小学校から英語を始めることに懐疑的な意見もある中で、「これをやるんだ」というものを提示できれば、むしろ説得力も増すと思います。

鳥飼　きちんとメリハリをつけられるなら、やる価値はありますね。

齋藤　学習指導要領をもっとくっきりするよう書き換えたいな。

鳥飼　二人で私家版・学習指導要領を作りましょうか。

齋藤　それが完成したら、日本人はついに「ペラペラ・コンプレックス」に終止符を打てますよ。一七〇年前の黒船ショックを、七五年前の敗戦ショックを、ついに我々は乗り越えますよ。

鳥飼　乗り越えましょう！

四章

〈中学校編〉

文法を「日本語で」教えよ

文法の基礎が分かっていない中学生

鳥飼　一章でも話した二〇一九年度に行われた「全国学力調査」の英語試験で、接続詞を選ぶ問題があり、三五％近くの生徒がbutとbecauseを混同しているんです。中学三年でこれはまずいなと思ったんです。この段階でこれを学んでいないとすれば、いつ学ぶんだ。

齋藤　基本的なことが分かっていない。

鳥飼　そうなんです。

ところが、『朝日新聞』「声」欄で中学校の先生が、こういう誤答にこそ、中学生の豊かな発想力があると投稿したんです。

齋藤　それこそ拡大解釈のような気がしますね。それを「声」欄に採用するのもすごいけど。（笑）

鳥飼　これは発想の豊かさの問題ではなく、論理的に二つの文章をつなげる基本的な英語コミュニケーションの問題なんですね。

この投稿は反響が大きくて、いろいろな意見が寄せられたそうです。文法には興味・関心が高いんですね。

齋藤　学生時代に費やしたエネルギーに対する〝怨念〟のようなものがあるんでしょうか。(笑)

鳥飼　やっぱり中学生に文法をきちんと教えたほうがいいな、と改めて思いました。

私がこだわるのには、理由があるんです。海外で英語研修中の大学生が、現地でネイティブ・スピーカーから受けている授業を見学させてもらったことがあります。そうしたら、一時間以上をかけて、まさに接続詞の説明をしているんです。「次に反対のことを言うときはbutですよ、理由を言うときはbecauseですよ」という感じ。英語での説明を日本人学生は一生懸命に聞いて、次はその説明をもとに接続詞を使ってセンテンスをつなげるゲームをやらされていました。

なんてことだと思って、私はその先生に、「この程度のことは、日本では中学生の段階で学んでいる」と知らせました。そうしたら「それができていないから教えているんだ」と反論されたんですよ。

齋藤　そこまでできないとは思いませんが……。

鳥飼　それで受講している大学生に聞いたら、「ネイティブ・スピーカーによる英語の授業だから、何を説明しているのかよく聞き取れなかった」と言っていました。接続詞の知識の有無は、はっきりとは確認できませんでした。

しかし考えてみると、中学三年生の約三五％がbutとbecauseの区別がつかないまま卒業すると、高校ではそんな初歩を改めて教えないので、分からない生徒は結局、分からないまま。それで大学生になってしまうのではないか。そして大金を払って海外研修に行って、ようやくbutとbecauseについて学ぶのかもしれない。バカバカしいですよね。

文法は優先順位をつけて教える

齋藤　読むにしろ聞くにしろ、「意味が分かるか」という問いかけが常にないとダメです。それには語彙だけではなく、文法の知識も必要でしょう。むしろ文法ほど、語学をマスターする近道はないと思うんです。基本文法を完全に理解した上で反復練習をしていくのが、もっとも効果的で、落ち着いた勉強法ではないでしょうか。

鳥飼　「文法」というと誰もがアレルギーがあるようですが、英語という言語をどう組み立てるかの規則なので、知らなかったら、話せません。単語を並べるだけでは、コミュニケーションにならない。

齋藤　英語の文法は中学でも高校でも学びますが、大きな違いは特にないと思うんです。大学生に聞いても、高校で初めてこんな文法を覚えたという印象はあまり持っていません。つまり大方は中学で押さえているわけです。特に関係代名詞を学ぶと、ひと通り終わったという感覚になるようです。

　問題は、教える優先順位が確立されていないのではないかということです。たとえば仮定法や付加疑問文などは、ふだんあまり使わないですよね。一方で、疑問文や接続詞、それに主語と述語の関係などについては、基本中の基本として絶対に押さえる必要がある。そういう頻度の高い重要な文法を「幹」として、その他の文法を「枝葉」として教えたほうがいいんじゃないでしょうか。並列的に、次は不定詞です、次は動名詞ですと進めるのではなくて。「幹」の部分は何度も反復して学ぶことになりますよね。

鳥飼　優先順位をつけるとすると、最初は何でしょうね。やはりSVO（Subject／主語・Verb／動詞・Object／目的語）のような基本文型ですかね。まず主語があって、次に動詞。

齋藤　ＳＶＯは大事ですね。一つの言語をマスターするということは、語彙とその並べ方のルールを知ることだと思うんです。たとえば“I go to school.”が正しくて、“I school go to.”では間違いだと瞬時に気づけないといけない。

日本語の場合、言葉の並べ方は助詞によって確定されます。「象の鼻は長い」なら通じますが、「象は鼻の長い」ではおかしい。言い換えるなら、基本的に日本語の文法が分かっているかどうかは助詞の使い方で分かるということです。単語の言い間違い程度なら聞き手も類推できますが、助詞を間違えると意味自体が変わってきますからね。

ただし英語の場合、言葉のつながり方を示す助詞がないので、単語の並べ方そのものに意味があると思うんです。だから文法の問題で、バラバラに示された単語を並べ替えて意味の通じる文にするというものがありますよね。これができれば、文法を理解しているということだと思います。

たとえば大学入試向けの参考書ですが、『英語構文詳解』（伊藤和夫著／駿台文庫）という往年の名著があります。一冊まるごと整序問題で構成されているのですが、単語の意味を知っているだけでは正解できないところがミソ。英文の構造を徹底的に鍛えられるんです。

中学生でも、こういう訓練は必要ではないでしょうか。「仮定法」や「付加疑問文」といったカテゴリーとしては理解していなくても、並べ替えがその都度できれば、文法は一応把握していることになると思いますね。

鳥飼　たしかに、英語の構文に融通性はないですからね。日本語のように主語を省略したり、後で付け足したりすることもできません。そういうことはきちんと教える必要があると思います。

ところが、一九八九年の学習指導要領改訂以来、文法教育をできるだけ排除しようという傾向があります。文法ばかりやっても話せるようにならないという理由です。今は少し振り子が戻って、コミュニケーションに使える文法なら教えてもよいということになっていますが。

齋藤　文法というと、おそらく「些末な知識」という思い込みがあるんじゃないでしょうか。細かいことをいろいろ覚えさせられたわりには、結局さほど使わなかったという恨みがある。（笑）

だから、いっそ「文法」という言い方を変えたほうがいいかもしれません。「構造」

とか「骨格」とか、そういうニュアンスにすれば「やらなきゃ」という気になるかもしれません。少なくとも些末なものではないわけですから。

鳥飼　それで私は、近頃、「文法」と言わず、「英語を組み立てるルール」と言っています。「英語の仕組み」でも良いかもしれません。英語を英語にしているもの、つまり構造ですね。

齋藤　それを「骨格」と呼ぶわけです。たとえば先行詞といえば、関係代名詞の前に置かれるものですよね。それが後に入っているともう読めません。骨の間に夾雑物が入らないようにしましょうと。そういう「これだけは間違えるな」という基礎的な部分から教えていけばいい。

英文法を英語で教える必要はあるのか

鳥飼　ところがもっと悪いことに、二〇二〇年度からは中学校の英語の授業も基本的に英語でやることになっているんですよ。

齋藤　英語で関係代名詞とか不定詞とか説明するわけですか。もう……狂っているとし

か思えない。（笑）

鳥飼　おそらく日常的にほとんど英語が使われない環境なので、せめて教室の中だけは英語で満たしたいということだと思います。そして、文法の説明よりも、とにかく喋れるようにしましょう、ということなのでしょう。

　結局、先ほど紹介した、海外研修で接続詞の説明を受けた大学生のようになってしまうんじゃないかと心配です。「でも」「なぜなら」を英語で使えないので、前置詞を知らないと思われて、英語で but や because の説明を受ける羽目になる。でも英語だから、理解できないまま終わってしまう。けっして難しい話ではないのに、先生の英語を理解できないまま過ぎてしまうことが、日本の教室でも起こり得る。

齋藤　基本的な文法事項はすべて中学で学びますが、それを英語でやるとすると、理解度はものすごく下がると思います。それに何の意味があるのでしょうか。文法は日本語で教えてもまったく問題ないと思います。

鳥飼　日本語で授業を受けている今の中三でさえ、約三五％は but と because が区別できていないんです。それを英語で教えるようになると、この割合はもっと増えるでしょう。

インプットを増やすために英語をなるべく使うという意図は分かりますが、先生が喋るだけではダメで、もっと生徒に英語を使わせないと。

齋藤　その通りです。一章で議論しましたが、生徒がアクティブに英語を使うようにする、というなら分かります。しかし、ネイティブ・スピーカーの先生が教えればそれでいいというわけではありません。小学生時代にそういう授業を経験してきた学生たちに聞くと、何を言っているのか分からなかった、という意見が多いんです。

鳥飼　その点を文科省は勘違いしています。英語で授業をする方針を決めたとき、参考にするよう、いろいろな学校で英語で行っている授業を収録したDVDを全国の学校に配布したんです。ほとんど誰も見ないのに。私は研究会で見ましたけれど、必死に英語を話す先生を撮っているだけで、生徒は後頭部しか映っていないんです。あんなにおもしろくないDVDはなかったですよ。次の年には、生徒も話している姿を映したDVDになりましたけど、現場の先生方は忙しくて、そんなのを見ている暇はないんです。

齋藤　特に文法を英語で教えた結果、どれほどひどいことになるか、だいたい予想がつきます。その愚かしさに気づいてほしいですね。

鳥飼　きっと数年後、「全国学力調査」で中学三年生の英語の成績が惨憺たるものになって、また議論が始まるでしょう。また的外れな分析をしないか心配ですが。

齋藤　心配といえば、中学生の将来が心配です。大きな誤解をしたまま卒業してしまうおそれがありますね。洋食のライスはフォークの背の部分に乗せて食べるのがマナーだといった類の。（笑）

鳥飼　あぁ、そういう食べ方をする人、いましたね。日本人の英語もそういうトンチンカンなことになりかねない。

齋藤　中学校の英語が文法を完全に把握することを目的とするなら、文法理解の授業は日本語で行うべきです。文法をマスターすれば、とりあえず読むことは容易になりますからね。不定詞にはこういう機能がある、その後には動詞の原形が来る、といったことを理解できれば、それでもう英語を読めるわけです。それを日本語で教えることに、何か問題があるのでしょうか。

鳥飼　文法はみっちり日本語で教えるとして、それだけでは味気ないので、もう少し中学生が楽しめるような教材を用意するとか、やり方はいろいろあると思うんですけどね。

ネイティブ・スピーカーの弱点

鳥飼　ネイティブ・スピーカーには別の問題もあります。海外での研修で、助動詞を教えている授業を見学したこともありますが、「ここに入るのは could か would か」みたいな初歩的な説明をして、日本人の学生がボーッと聞いているという状況です。ところがそのとき、先生は肝心なことを教えなかった。could や would を使うと丁寧な表現になるという語用的な機能です。彼らにとっては当たり前すぎるので、そういう欠落に気づかないのかもしれません。受講生の英語力から判断して難しすぎると考えているのかもしれません。こういうことは、やはり日本人の先生が日本語でしっかり教えないと。別にネイティブ・スピーカーの先生はいらないということではなく、それぞれ役割分担を決めたほうがいいですね。

齋藤　中学の文法はきちんと理解することが重要です。そこでミスしてしまうと、高校の英語について行けなくなります。小学校の算数が分からないまま中学校に進んで、数学についていけなくなる構図と同じです。

鳥飼　わけが分からなくなるから、嫌になって落ちこぼれちゃうんですよ。この文はこういう仕組みになっているんだということをきちんと教えれば、分かるようになります。そうすると、そんなに落ちこぼれないはず。でも理屈だけではおもしろくないでしょうから、そのへんのさじ加減ですよね。

齋藤　今なら、学校側が生徒一人一人にｉＰａｄを貸すぐらいのことはできますよね。ヒアリングやスピーキングについては、各人がそれぞれの習熟度に合った英語教材をダウンロードして聞くなり話すなりという授業も可能かな、と。これなら、先生が英語を話さなくても、ネイティブな英語の勉強ができますよね。

鳥飼　それはどうでしょう……。すでに各地の高校で、公立も私立も、英語の授業で生徒がタブレット端末を使ってフィリピンの先生に遠隔でスピーキングを習ったりしています。自治体によっては、公立の小中学校で生徒にタブレットを無償配布しています。この前、講演で訪れた公立小学校では生徒全員が個別のタブレットを使って英語の授業中に必要な情報を検索していました。それが、どの程度の成果をあげるか数年経てば分かるでしょう。でも、タブレットが当たり前になると、それより生身のネイティブ・スピーカーの先生と話したいと思うかもしれません。

齋藤　直に接するほうができるようになる、という幻想があるんでしょうか。

文法と音読はワンセットで

齋藤　タブレットを使うにせよ使わないにせよ、とにかく生徒に音読させることが大事だと思います。順番としては、文法に入る前に音読があってもいいかもしれません。たとえば、先に関係代名詞が入っている文を音読しておくと、後でそれを文法として習ったときに理解しやすくなるんじゃないでしょうか。理論と実践が結びつくというか、「以前に読んだこの一文はこういう構造だったのか」となりやすいのではないでしょうか。

鳥飼　いわゆる「コーラス・リーディング」ですと、皆と合わせて読もうとして英語のリズムが崩れるので、あくまで個々人が読むことが前提だと思いますが、そのためには、まず音読に耐えるような英文の教材が必要です。それに、そこから文法の説明に移行するわけですから教師の力量が問われますね。

齋藤　教材としては、ふつうの文法がひと通り使われていることが前提ですが、たとえば「桃太郎」のような童話など、誰でも知っている話がいいと思います。ストーリーが分かっていれば、途中で知らない単語や意味の分からない文に出会ったとしても、とりあえず落ち着いて読めます。それを先生の音読に続いて復唱すればいい。

それから先生の力量としては、基本的にそのストーリーを日本語で読ませておいて、英語を復唱方式で音読できる先生なら大丈夫だと思いますけどね。

鳥飼　「桃太郎」は、もういいかも。すでに小学校で使われていて、子どもたちが“Peach Boy!”などと叫びながら劇をしています。誰でも知っている話がいいというのは賛成ですが、さて、何がいいでしょうね。音読に使う教材は齋藤さんがまとめてくださる？（笑）

齋藤　「ラダーシリーズ」（ＩＢＣパブリッシング）という英語のテキストがありますよね。使う語彙数によって「ＬＥＶＥＬ１」から「ＬＥＶＥＬ５」までありますが、たとえばその「ＬＥＶＥＬ１」の中に、太宰治の「走れメロス」があります。タイトルは“Run, Melos, Run”。直感的に分かりますよね。

巻末には使われたすべての単語のリストがあって、それぞれ意味も書いてあります。これなら、分からない単語があってもいちいち辞書で調べる必要がないので、比較的スラスラ読めるはずです。それに単語に煩わされない分、英文の構造について勘どころが分かってくると思うんです。

鳥飼　レベルによって語彙数を制限している graded readers ですね。あれは、やさしい英語なので、楽しく読めて良いですね。慣れてくると、だんだん文法の感覚もつかめるようになりそう。

齋藤　そう、まさにスポーツと同じ。ある程度球慣れしていないと、リズム感が出てこないんです。文法が素振りだとすると、それだけでは実戦で打てません。生きた球を多く見ることも重要です。

　つまり文法と音読を分けるのではなく、クルマの両輪のように一緒に学ぶ。文章の骨格をしっかり捕まえる訓練を、テキストの音読を通じて行うわけです。それも、教科書によく出てくるような会話文ではダメ。かえって文法はよく分からないと思うんです。会話文は表現のバリエーションが少ないので。

鳥飼　それって、鋭い指摘です。会話文だとかえって文法が分からない。そうそう、いまどきの教科書は会話文だらけだから、"Wow!"という英語が何度も出てくるんですよ。研究授業を見学したら、全員で声を合わせて"Wow!"を音読して「ワーオワーオ」と練習していたりする（笑）。これでは文法は身につきません。

齋藤 テキストは、内容がしっかりしていて、関係代名詞とか、現在進行形とか、不定詞とか、文法の中でも優先順位の高いものが頻出するものが望ましいですよね。

それも、一度読んだら終わりではなく、同じテキストを一〇回、二〇回と反復して読む。そうすると、暗唱とまでは行かなくても、言葉の正しい並べ方が自然に身体の中に入ってきますよね。"I to go school." と聞いたら「順番がおかしい」と違和感のセンサーが働くようになります。

鳥飼 「違和感のセンサーを磨こう！」も面白いキャッチフレーズになりそう。同じテキストを二〇回も読むのは辛いけど、つまり、そのくらい身体に覚えさせて、理屈でなく英語の構文をしみこませるということですね……。それと、とにかく一冊を読み切るという経験も大きいと思います。「読み切った！」という達成感。日本語のものも含めてですが、今は本当に本を読まないですから。

齋藤 そのとおりです。大学で学生に聞いてみても、英語の本はなかなか読めないという人が多い。それは英語の能力の問題ではなく、一冊を読み切る自信をつけていないということだと思うんです。

鳥飼　読む機会がなかったんですよね。

齋藤　その意味でも、中学校で英語の本を読み切る経験は貴重です。紙の本が難しいなら、一冊分をｉＰａｄに入れて貸し出せばいいんじゃないでしょうか。

意味が分からないままの音読は無意味

鳥飼　ただし、ここで水を差すようですが、音読については、ちょっと気になることがあります。一日に何十回も、意味を考えずにひたすら音読するという学習法がありますね。でも私は、絶対にそれをやらないんです。自分がやらないから人にも勧めません。

私が読むときは、必ず意味を考えながらというのが大前提。そうしないと、どこに抑揚をつければいいか、どこを強調すればいいのか、分からないじゃないですか。

齋藤　仰るとおり。私も意味を考えずに音読することは、日本語ですら無意味だと思っています。ときどき「素読」について、意味が分からなくてもただ読むだけでいいと解釈する人がいますが、それは誤解です。けっして「習うより慣れろ」ということではありません。たとえば江戸時代に寺子屋で使われた教科書を見ても、きちんと解説が書いてある。つまり先生が意味を説明しているのです。

だから漢文でも古文でも、音読するなら先に意味を教えたほうがいい。英語も同じです。先に日本語訳を読ませて全体を理解してもらった上で、英文を音読する。そうすると、個々の文の意味がすらすら入ってくるんですね。

意味も分からないまま、ただ機械的に口を慣らすという勉強法は、思考を停止させるだけ。意味を考えない習慣がついてしまうので、むしろ危険だと思います。

鳥飼　齋藤孝さんから、そういう意見が出て嬉しいです。私も同感。でも、音読派は、「只管朗読」だ、意味は二の次でひたすら読めばいい、という意見がけっこう強いので……。

齋藤　あるいは訳しながら音読するとなると、かなり高度ですよね。

鳥飼　それは難しいです。そこまでやる必要はないと思います。音読の前に日本語訳を読んだり、自分で訳したりする過程を持つという方法は効果的だと思います。

齋藤　そうそう。訳すときにはきちんと書いて訳す。その上で音読するから、語彙も文法もスムーズに吸収できるんです。

鳥飼　そもそも意味を知らないと、音読もできないはずですよね。自分が話していることとの意味が分からないなんて、変です。

齋藤　だから逆に言うと、音読をしてもらえば、その人がどれだけ意味を把握しているか判定できます。古文でも英文でも、音読を聞けば、「何も分からずに読んでいるな」「意味を理解しているな」というのは、分かりますよね。

鳥飼　そうです、抑揚のつけ方がどうしてもおかしくなりますから。

齋藤　ポイントは、一文ごとに復唱していくこと。一文が長い場合には、途中で切ってもいいですね。

鳥飼　区切ることは重要です。同時通訳者は、国際会議などで事前に原稿がある場合は、区切ってスラッシュ（斜線）を入れながら訳すのが常です。そうすると難解な構造の文でも整理できるんです。

私はこれを教育現場でも応用して、学生に英文を読むとき、長い文は適切に区切るように教えました。そうしたら、意味を取れる学生は正しいところで区切れるのですが、意味を取れない学生はとんでもないところで区切るんですよ。区切ること自体に、読解の能力が必要なのだと気づきました。

齋藤　それは小学生の国語の勉強でも言えます。たとえば夏目漱石の「坊っちゃん」の冒頭部分、「親譲りの無鉄砲で小供の時から損ばかりしている」を音読してもらうとします。意味がよく分かっていない子は、「親譲りの無」でひと呼吸置いたりする（笑）。あるいはまったく抑揚がなく、いわゆる棒読みになったりするんです。

英語の教材として"Swimmy"を

鳥飼　音読しやすい教材という意味では、ちょっと考えていることがあるんです。小学二年生の国語の教科書には一九七七年から、もう何十年も「スイミー」が採録されていますよね。

齋藤　もともとはレオ・レオニの絵本ですよね。一人一人は非力でも、力を合わせればなんとかなるということを教えたいのでしょう。

鳥飼　でも調べてみたら、レオ・レオニの意図はそうではなかったらしい。彼はオランダ生まれ、イタリア育ちのユダヤ人で、ムッソリーニの台頭を受けてアメリカに亡命し、絵本作家になるんです。第二次世界大戦が終わってしばらくしてイタリアへ戻ったレオニは、自分がどう生きたらよいのか分からなくなったそうです。それで「スイミー」に自分自身を重ねて自分探しの旅に出る。海の中でいろいろな生き物に出会ううちに、人はそれぞれ違ってもいいんだ、自分らしく生きていけばいいんだ、という「生きる哲学」にたどり着いたというのです。多様性と個の大切さということですね。赤い魚の群れの中で、自分だけ身体が黒いからこそ、「目」になって役に立てるんだと。ところが、日本の国語の教科書に入ると、「みんなで力を合わせましょう」というメッセージになっている。谷川俊太郎さんが訳されているのですが、日本のお話になっているんですよね。

齋藤　そこにも文化の違いが反映されていると。

鳥飼　だから本当に不思議なんです。なぜ国語の教科書に海外の作品を載せるのか。国語教育の研究会で、質問してみたんです。そうしたら、もう定番として長年扱ってきたからですかね、くらいの感じでした。でも日本にだって、いい童話や児童文学はたくさんあるじゃないですか。

齋藤　「ごんぎつね」とかね。

鳥飼　それは別の意味で問題(笑)。なぜ「ごんぎつね」が何十年も使われているのか。あれはやるせない、救いのない物語ですよね。

齋藤 しかも、小学四年生でやるんですよ。四年生に「ごんぎつね」じゃなくてもいいとは思いますね。

鳥飼 そう。「浦島太郎」でも「竹取物語」でもいいじゃないですか。なぜ「スイミー」と「ごんぎつね」なんですか。

それで考えたんです。小学二年生の国語で「スイミー」を外せないなら、小学五年生の「英語」で、英文の“Swimmy”を音読させたら面白いんじゃないかと。もちろん中学でもいい。入学したばかりで緊張している時に、小学校で読んだことのある「スイミー」が出てきたら、あっ、知っている、となんか安心するでしょう。そこで、「スイミー」の発音自体が日本語で、英語では違う発音になること、もとは「泳ぐ」という意味の swim から来ていることを教える。それから音読をする。

物語の筋は頭に入っているので、それを英語で読むことはワクワクするかもしれません。そこで、日本語と英語では、音だけでなく物語が伝えようとしているメッセージが微妙に違うことも気づかせる。そこから物語の背景や文化の違いにまで広げられたら、最高の教材になると思うんです。

正しい発音をどう教えるのか

鳥飼　「音読」で行くとなれば、英語の先生方を対象に「音読研修会」のようなものを開かないとダメですね。

ちなみに新しい検定教科書には、QRコードがついていて、スマホやタブレット端末などをかざして読み取ると、見本となる英語を聞くことができたりするそうです。それが先生の手助けになればいいのですが。

齋藤　新しい技術が開発され、便利にはなりましたね。

鳥飼　ただし、録音はプロの声優さんでないと難しい。たとえばかなり以前、「百万人の英語」というラジオ番組の講師をしていたとき、ネイティブ・スピーカーに英米文学の名作の一部を朗読してもらうという企画がありました。ところがあるとき、エミリー・ブロンテの『嵐が丘』を読んでもらうために招いた女性は、およそ言葉に感情をこめずに棒読みをする方だったんです。

それればかりか、妙なところで息継ぎをするので「それは止めてください」とお願いしたら、「私はどこで息をしたらいいの？」と逆ギレされて（笑）。やはり録音はしっかりしたプロにお願いしないといけない、と思い知らされました。

齋藤　私の知る限りで感触が良かったのは、イギリスのコメディグループ、モンティ・パイソンのメンバーの一人であるエリック・アイドルさんによる「チャーリーとチョコレート工場（Charlie and The Chocolate Factory）」の全文朗読ＣＤ（Harper Collins）。ものすごく抑揚があって感情豊かで、聞いているだけで映像が浮かぶような楽しい朗読なんです。

鳥飼　そういうのは最適ですよね。

齋藤　たとえば“tiny”（ちっぽけな）という単語が出てくると、本当に「ちっぽけな」という感情をこめて発音してくれる。だから単語として知らなくても、ニュアンスで意味が伝わってくるんです。こういうものを中学生に聞かせて復唱させると、すごく英語が好きになりますよ。

推奨すべきは意味が伝わるような音読。それを復唱していけば、自分の感情も乗せやすくなるし、聞く側に回ったときに意味を取りやすくなると思うんです。

鳥飼　そうですよね。ただし小学校はもちろん、中学、高校の先生にとって、そこは悩みどころだと思います。抑揚をつけるように指導したくても、ご自身がどこにどうやってつければいいのか分からないことが多いので。

齋藤　たしかに英語の先生を目指している大学生に「抑揚をつけて読んでみて」と指示を出しても、最初はどうしても平板になります。もっと意味を伝えようという思いをこめて、エリック・アイドルさんのような話し方を手本にしつつ、徹底的に練習するしかないですね。

鳥飼　やっぱり、練習しないとダメですよね……。ただその場合、「大事なところは強調して」と指導すると、叫んでしまう人がいる。強調することと大声を出すことは違います。ところがそこを混同してしまう。ネイティブ・スピーカーは、こういう日本人の「叫び」に驚かされるそうです。(笑)

齋藤　英語の抑揚や強弱は、日本人にはなかなかハードルが高いです。だから私は、「強弱をつけよう」と言う代わりに「緩急をつけよう」という言い方をしています。大事な単語はゆっくり話そう、と。

鳥飼　なるほど、そう言えばいいんですね。「強弱をつけましょう」と言うから叫んでしまうんですね。

齋藤　そうです。音声の強弱ではなく、音の高低でもなく、緩急。たとえば、トランプ大統領の英語は非常に分かりやすく聞こえるときがありますよね。

鳥飼　実際、分かりやすいんです。私は講演でトランプ大統領の英語を批判したことがあるんです。「小学五年生レベルの語彙しかない」と（笑）。これ、アメリカ人が言っていることなんですけど。そうしたら、質疑応答の時間に「トランプの英語はとても分かりやすくて勉強になります。なぜあれがいけないのか分かりません」と言われてしまいました。

齋藤　たしかに、一つには語彙が限られているということがありますね。そしてもう一つの特徴は、ゆっくりはっきり話すことです。

鳥飼　"Make America great again!"（アメリカを再び偉大に）ですからね。それを嚙み砕くように、ゆっくりメリハリつけて何度も言われると、日本人だけでなく、どんなアメリカ人にとっても分かりやすい。アメリカでは、"Make America kind again!"（アメリカを再び優しくしよう）などといろいろなバリエーションが生まれているくらい、定着しています。

齋藤　そう、聴く人の意識を引きつけるようにゆっくり話す。ただそれはトランプの専売特許ではありません。英語の朗読ＣＤなどでも、大事な単語だけゆっくり話しています。それだけで緩急がつくので、聞き手も「ここを伝えたいんだな」と直感的に分かるんです。

直感といえば、ブルース・リーの映画『燃えよドラゴン』の中でも、"Don't think. Feel." という有名なセリフが出てきます。若い弟子にカンフーの指導をするシーンですが、このときの "feel" も「フィーーール」とでも表記すればよいのか、異常にゆっくりなんです。映画の中の弟子のみならず、「感じることが大事なんだな」と感化された観客は多いのではないでしょうか。

緩急なら、日本人でもできますよね。たとえば "Present for you." と伝える場合でも、プレゼントを買ってきたことを強調したいなら "Present" をゆっくり言えばいいし、「あなた」を強調したいなら "you" をゆっくり言えばいい。そこに感情をこめることができるわけです。

鳥飼　そうですね。ここぞというところはゆっくり言いましょう。トランプを見習って（笑）。私が長年抱えていた問題が、ここで氷解しました。

齋藤　「強弱をつけて」と言いたいところですが、まったく習得できないのでね。だから「強調する単語を一文につき一個セレクトして、そこだけゆっくり言ってみよう」という言い方をしてみればいいのではないでしょうか。

語彙力の強化は文学から

鳥飼　さて、中学英語といえばもう一つ、大きな課題があります。語彙をいかに増やすか、ということです。

かつて大学で英語を教え始めた頃、リーディングの指導で、知らない単語があったとしても、前後の文脈から意味を推測して読み進む、という練習を試みました。まず、「知らない単語は黒いマーカーで消して」と指示したのですが、そうしたらテキストが真っ黒になってしまった（笑）。ほとんどの単語を知らないんですよ。これでは文脈も何もない。

齋藤　たしかに、英語は語彙力が基礎ですよね。知らない単語は読めない、書けない、聞けない、話せない。それが一〇のうちの一ぐらいなら前後の文脈から推測できますが、一〇のうち九も知らないとすれば話になりません。

鳥飼　私としては、単語一つか二つくらいなら知らなくても読めるでしょ、と自信をつけてもらうつもりだったのですが、九も知らないという現実を突きつけて、かえって自信を失わせてしまいました。

齋藤　実践的な場面を想定しても、語彙は増やしておいたほうが圧倒的に便利ですよね。何か困ったとき、とりあえずこう言えばいいという単語が即座に出てくるということですから。

中学英語で習う単語は、全部で一〇〇〇語ぐらいですか？

鳥飼　一〇〇〇～一二〇〇語程度ですけど、一六〇〇～一八〇〇語に増えるんです。高校は現状の一八〇〇語が二五〇〇語程度まで増えます。小学校の四年間も入れて合計四～五〇〇〇語になります。

齋藤　中学生と高校生は記憶力にあまり差がないので、中学時代にできるだけ覚えたほうがいいですよね。

鳥飼　それがいつも問題になるんです。単語をひたすら暗記させるだけだと、英語が嫌いになりますよね。無味乾燥な暗記が好きな人はいませんから。では暗記科目にしないで語彙力を増やすにはどうすればいいのか。単語が使われているセンテンスを読んで理解して前後の文脈ごと頭に入れるようにするのが、回り道のようで、確実なのですが。

齋藤　一つには、先ほども話に出た『チャーリーとチョコレート工場』のような面白い物語をたくさん読ませる手がありますね。物語に夢中になれば、必然的に出てくる言葉の意味も覚えるでしょう。あるいは私は学生時代、英語教科書の副読本のような形でエドガー・アラン・ポーの『黒猫』なども読みました。ポーはちょっと難易度が高いのですが、その分、語彙が豊富なんですよ。

鳥飼　やっぱり、面白い本を読むことですよね。難解な本でも、単語をちょっと易しく書き換えたり、全体を短くしたりすれば教材になります。

齋藤　シェイクスピアの作品も、ラム姉弟によって子ども向けに易しく書き換えられています（邦訳は『シェイクスピア物語』岩波文庫）。そういうものでもいいと思うんです。

鳥飼　「ミスター同時通訳」として人気だった村松増美さんは、中学時代に英語の授業でラムの『シェイクスピア物語』を英語で読んだそうで、大学の英文科で『マクベス』を学んだ時に楽だったとのことです。晩年になっても英文そのものを覚えておられました。ちょっと易しく書き換えてあっても、英語としてのリズムなどは崩れていないので、その後の英語学習にも役立ったそうです。中学時代に名作を読んでおくことは、英語の勉強以上に意味がありますよね。その後の人生において、いろいろ違ってくると思います。

齋藤　文学には人間が描かれていますからね。学校生活もそうですが、社会に出ればいよいよ人間と人間が対峙するわけです。そのときに相手の気持ちが分からない人、人間理解力のない人は、仮にどれほど英語が堪能でも苦労すると思います。

鳥飼　そうですよね。コミュニケーションに使える英語を学びましょうということは、つまり人間として他者と話をしましょうということです。人間を理解できなければコミュニケーションはできません。物語を読んで語彙力の強化とともに人間理解力も高められれば、一石二鳥ですね。

言語によって身体のモードチェンジが必要

鳥飼　そういえば、齋藤さんのご専門は「身体論」ですよね。かつて身体というと頭や心の付属物のように見られていましたが、そうではない。まず哲学などで身体の役割が取り上げられるようになって、今ではいろいろな身体論があるようですね。齋藤さんの身体論は、どういう研究なんですか？

齋藤　主にコミュニケーションの問題として捉えています。人と人は、言葉以前に身体で関わり合っているのではないかと。だから身体の比重のほうが、言語でやりとりしている部分より大きいと考えています。

たとえば、特に言葉の意味を解釈しなくても、そのニュアンスや表情、しぐさなどから、この人は閉じた人だな、開いた人だなと感じることはよくあると思います。つまり身体のやりとりが常に起きているわけです。

学校の先生にとってこれは重要ですよね。いくら正確なことを教えていたとしても、声が小さくて身体性が閉じていると、生徒の身体性も閉じてしまって、教室全体の雰囲気が暗くなります。これでは授業になりません。言葉だけではなく、先生の身体全体が表現手段なのだと私は考えています。その観点で言えば、エリック・アイドルの身体性はきわめて開かれているということですね。

鳥飼　ただ最初にも話しましたが、学校の英語の先生というと、テンションを高くしないといけないという強迫観念のようなものがあるようです。それで生徒がかえって引いてしまったりするわけですが、先生もかなり無理をしていますから、授業が終わるとどっと疲れるようです。身体論の観点から、この状況をどう捉えればいいですか？

齋藤　おそらく、母語より元気よくオープンに話さないと、発音を正確に伝えられないという不文律があるんじゃないでしょうか。

それと、言語によって、ある程度のモードチェンジは必要な部分があると思います。たとえばイタリア語講座を見ていると、日本人の講師もイタリア人のようにオーバーアクションで手を振り回したりしていますから。

あるいはドイツ語でもフランス語でも、中国語でも韓国語でも、日本語よりは語気が強くて勢いがありますよね。それぞれの言語を話そうと思えば、相応の身体性とワンセットなのかもしれません。

鳥飼　では英語の場合は？

齋藤　ハイテンションかどうかはともかく、意図の明確さやオープンさが求められる気がします。何を言いたいのかはっきりしてくれ、と。そういうモードに切り替えて話す必要があるのではないでしょうか。

鳥飼　たしかに言われてみれば、英語の場合、そういうところがありますね。

齋藤　逆に日本語は、あまり明確に意思表示をすると角が立つおそれがある。ちょっと曖昧なモードに切り替えたほうがいいですね。

五章

〈高校編〉

「意味のある話」ができる力を身につける

難解な英文解釈がもたらす快感

鳥飼　小学校でペラペラ「感」を身につけてコンプレックスを打ち破り、中学校で文法と音読である程度の英語の基礎を学んだとします。そうすると高校で学ぶべきは、いよいよ、意味のあるコミュニケーションができるようになる術ですね。

齋藤　はい、ペラペラ「風」に憧れるのもいいですが、それはあくまでも入り口の話。そこだけで満足するのでは寂しいですよね。英語を学ぶなら、それなりに勉強して、意味のあることを伝えられるようになりたい。それにはまず、読解力を鍛えることではないでしょうか。

鳥飼　同感です。しっかり読めるようになると、書くことができる、それが話すことにもつながる。たとえペラペラではなくても、意味のあることを伝えられれば、それが「英語ができる」ということと同義です。それには相応の努力が必要となりますが。

齋藤　そもそも英語は構造がしっかりしているので、読み方さえ分かれば気持ちがいい言語です。その快感を教えるのが教育の役目。特に、読み方と文法をある程度学んだ後の高校時代が、その勉強に最適じゃないでしょうか。高校までも「読む」より「話す」だとなると、読解の快感も得られない。読めれば書けるようにもなります。

鳥飼　そう、読むことで書けるようになる。その逆はないんです。

齋藤　仮に書くことばかり練習したとしても、読めるとは限らないですよね、読むほうが語彙は多いので。日本語でも、作文をするのと漱石を読む力は違いますね。漱石のような文章をたくさん読んでいるうちに、自分でも多くの語彙を使って文章を書けるようになる。あるいは論文にしても、読み込んで形式や作法を知ることで、初めて自分でも書けるようになるわけです。

鳥飼　ところが、一九八九年以降の英語教育は「話す」が中心です。それ以前に比べると「読む」「書く」は脇役です。それでも一時期よりは行き過ぎた振り子が戻った印象はあります。教科書で読む量などはまだまだ足りないと思いますが、そうしないと検定を通りませんから。だから、中身が薄いんですよ。

齋藤　だんだん教科書自体が会話文になってきたわけですね。英語教育がスピーキングに特化すると、英語が読めない・書けないという事態になりかねません。そのほうが心配です。

鳥飼　すでにそうなっていると思います。今や国立大学の文系でさえ、英語の補習授業をやっているところがあります。大学によっては、中学の英文法から教えますとホームページで新入生に呼びかけています。

齋藤　私の学生時代を振り返ってみると、意味のある難しい英語の文章をちゃんと読むこと、つまり英文解釈は、英語力と同時に論理力のような能力も鍛えられた感覚があります。脳をクリアにしてくれるというか。だからすごく有意義でしたが、今はあまりやらないようですね。

鳥飼　その反動からか、ちょっと高度な英文を扱った『英文解体新書』（北村一真著／研究社）という参考書が最近、売れているそうです。たしかに英文解釈は頭の訓練になりますよね。それが今の学校教育で消えてしまったから逆に、このような本が重宝されるのかな、と思います。

齋藤　そうですね。うまく解釈するには、一方で構造的に迫りつつ、もう一方で文脈から迫る必要がある。その両輪を同時に回すような感覚です。意味をクリアにつかめた時には、爽快感があります。でもそれよりも、ペラペラ話せるほうが優先順位は高いようで。（笑）

鳥飼 面倒くさい勉強はいらないから、楽しくしゃべろうよ、と。

なぜ英文解釈が苦手なのか

齋藤 以前、東大を受験しようというレベルの高校生に、英語を教えていたことがあるんです。そのときに使ったのが、伊藤和夫さんの『英文解釈教室』（研究社）。しっかりとした英文が載っているので、それを日本語に訳すという課題を出したのですが、はじめはびっくりするぐらい意味が取れないんですよ。

一般的な英語のテストなら、みんなそこそこいい点数を取るんです。だから和訳もできるかなと思ったのですが、そもそも日本語になっていない。英語の構造を完全に煮詰める訓練をしていなかったので、いい加減にしか訳せない。

それで、「この日本語を自分で読んでみて。どういう意味か分かる？」と尋ねると、「分かりません」（笑）。それじゃあ訳す意味がないですよね。

鳥飼 英文の意味が分かっているかどうかは、訳した日本語を読めばすぐに分かります。解釈の能力も分かりますよね。

齋藤　難しそうな英単語の意味をあらかじめ書いておいてもダメ。せめてＳＶＣだけでも意味が取れていれば点数を半分くらいあげたのに、そういう生徒もほとんどいなかったんです。

鳥飼　英文の幹となる部分と枝葉の部分を切り分けるのも、たいへんな能力なんですよね。でも、今の授業ではそういうことをしっかりと教えません。おっしゃるように「一方で構造的に迫りつつ、もう一方で文脈から迫る」必要があるのですが、構造は放っておいて前後の文脈も考えず、ただ単語の意味を辞書で調べ、目に入った訳を適当に並べるだけ。だから意味不明な日本語になるし、「英語とはそういうもの」と思い込んでしまっている。

齋藤　それでなんとなく分かったような気になっている。いわば〝ふんわり訳〟。しかし、そんな日本語を人に読ませてどうするんだ、と（笑）。本来なら、完全に意味を取る〝きっちり訳〟にしなければ、それこそ意味がない。

鳥飼　そうなってしまった原因は、英語は英語で理解しましょうという英語教育がずっと続いてきたせいかもしれません。

齋藤　単語の意味が分かっても全体の意味が取れないということは、英文の構造が分かっていないということですよね。言い換えるなら、『英文解釈教室』は生徒がいかにアバウトに英文を読もうとしているかを教えてくれる名著ということです。厳密に詰めていかないと、すぐに意味を取り違えてしまうものですから。「なんとなく分かってるつもり」ではなく、しっかり訳文を紙に書いて練習していくと、本の後半になると相当意味が取れるようになります。

鳥飼 そうなんです。NHK「ニュースで英会話」のテレビ番組は終了してしまいましたが、ウェブで続いていて、ニュース英文が掲載され、日本語訳も、単語の説明も、解説もあるんです。

それを見ながら勉強されている方が今でもけっこういるのですが、その和訳について質問が来たことがありました。間違っているんじゃないか、辞書を見たらそんな意味は載っていない、というのです。

でもそれは、辞書の訳語に引っ張られすぎで、文の構造を見れば、どういう意味で使われているかは明らかなはずなのです。それに前後の文脈から見ても、辞書の日本語訳を忠実に当てはめると辻褄が合わなくなる。そう説明したのですが、文全体の構造を見ずに、前後の文脈を無視して、辞書に出ている訳だけで解釈しようとしているんだなと分かりました。

齋藤　英文は構造と文脈の両方から見ないとダメなんですよね。でも、たしかに構造の訓練が足りていない人が多い印象があります。それから日本語の訓練ですね。意味不明な文章を書いて、本人もよく分かっていないのに、それでよしとしてしまうところがある。

私は翻訳をすることもありますが、監訳も依頼されます。その場合、プロの翻訳家による下訳原稿をざっと読み通すのですが、どうもその日本語が怪しいことがある。たとえば以前も、「人生は追加ではなく増加である」というような一文がありました。「人生」に続く言葉として、「追加」も「増加」も意味がよく分からないですよね。それで英語の原文に戻って調べてみると、「人生は足し算ではなく掛け算である」でした(笑)。基本的な英語をよく調べずに訳していることも問題ですが、自分が書いた日本語をおかしいと思わないことが、まずおかしい。

鳥飼　本当にそう。でも、そんなふうに訳してしまう人がいるんですよね。意味がまったく通らないのに。そのことに気づかないわけはないと思いますが……。

齋藤　明瞭に訳せないなら、いっそその部分を飛ばして空白にしてくれたほうがありがたいですよね。そうしたところを重点的に見るので。

ある翻訳家の方によれば、翻訳で大事なのは「この訳はおかしい」と自分で気づくことだ、と。構造や文脈から見てピタリとはまったという感触がなければ、もう一度徹底的にやり直すそうです。

たとえプロではなくても、英語を学ぶ以上、きちんと意味を取り出す訓練はものすごく大事だと思いますね。それは同時に、日本語力を鍛えることにもつながる。

鳥飼　おっしゃるとおりで、日本語に訳してみて変だと思ったら、どうしてそうなったのか、まずは構造をグッと睨まないといけない。よほど難解でなければ、前後の文脈でだいたいこういうことかなと分かるはずですけどね。

齋藤　とりあえず「おかしい」と気づければ、あとは何とかなります。単語の意味なら、いくらでも調べられるし。小さな辞書で適当な意味が見つけられないなら、より大きな辞書を引いてみればいいんです。ずっと下のほうに、ピタリと当てはまる意味が書かれていたりしますからね。「こんな細かいこと知ってるはずないだろう」と思いながらも、その瞬間はけっこう快感です。(笑)

「英語で考えよ」で読解力はますます落ちる

鳥飼　ところが今の教育現場では、訳してはいけないことになっているんです。中学校より先に、高校ではすでに英語の授業を英語で行っています。英語で説明されたことを、英語で理解し、英語で書いたり話したりする。これでは訳せるわけがない。というか、日本語に訳すことをさせるから話せるようにならない、という理屈なのでしょう。

齋藤　英語でそのまま理解しろとか、かなりの無理筋ですよね。仮にそれを訳させたとき、ちゃんとした日本語になるのか。英語では理解しているが日本語に訳せない、ということはあり得ません。その訳が支離滅裂だったとしたら、実は理解できていないということでしょう。

だいたい日本語に訳すことに対して誤解があると思うんです。関係代名詞「that」を見て「何々であるところの」と戻る読み方が良くないのであって、頭から意味を理解していく読み方はできますよね。それならいちいち日本語に訳さないまでも、実質的に訳していることと変わりません。

鳥飼　頭から意味を理解していく読み方は当然あります。「直読直解」とか。私がNHKの英語番組でやってきたのは、同時通訳者の「先入れ先出し」方式です。先に聞こえてきたことからどんどん訳出する、いわば「順送り訳」です。でも、学校英語教育では、「訳す」ことに対して拒否反応がありますね。

齋藤　ありますね。私はかつて、予備校で英文和訳の採点をずっとやっていました。何千枚も採点して、どれだけできないのかを実感しました。東大を受けるレベルの学生でもこれか、と。逆に言うと、訳させることで、その人の頭がどこまでしっかりしているかが分かるのです。

辻褄の合わない日本語を書いて平気な人は、英語力がないこと以上に問題がある。つまり意味を摑む意思が弱いということです。

鳥飼　それは英語というより国語教育の問題じゃないですか。

齋藤　そうなんです。これは全教科にわたって訓練しなければいけない課題です。基本的な日本語力があれば、あらゆる学習ができるはずなのですから。

ところが、そこが弱い。たとえば大学の教員採用の面接で「一分で自分の担当科目について説明してください」と尋ねても、専門知識は十分あるはずなのに「えーっと」とか「あのー」ばかりで要領を得ないことが多い。もちろん、日本語で、ですよ。それを見ると、訓練が足りないんだなと思います。日本人は日本語で意味の含有率の高い話し方をする訓練、つまり日本語を話す力の訓練が足りないんですよ。

鳥飼　学習指導要領では、「言語能力」を「学習の基盤」として、教科を横断して育成を求めていて、国語科は要であると述べています。

齋藤　数学だって、ある意味では国語ですから。解く段取りはすべて日本語で説明できる。説明できない人は永遠に解けないんですよ。あるいは社会科も理科も基本的には言語ですよね。

英語も同じ。日本語で説明できないようでは、理解したことになりません。英語で考えればOKというのは、無茶というものです。

鳥飼　日本語で言えないことが英語で言えると考えること自体、奇抜な発想ですよね。

齋藤　その幻想はいったいどこから来るんだろう、本当に（笑）。極論すると、日本語を徹底的に訓練して意味のあることを話せるようになれば、あとは夢の自動翻訳機の登場を待てばいい。そうするとどんな言語にも訳せるわけです。英語に限らず、アラビア語でもスワヒリ語でも。

鳥飼　そうです。中国語や韓国語にも訳せるはずですよね。

齋藤　つまり「意味のある言葉を話す能力」というのは、全世界共通で使える貨幣を手に入れるようなものです。実際、グローバルで求められている能力は、ペラペラ英語を話すことよりこちらだと思います。意味のあることを言えれば、母語が違っても通じ合えます。メソポタミア文明の楔形文字で書かれた「ギルガメシュ王の物語」さえ、私たちは読めるんですから。

鳥飼　ポケットサイズの自動通訳機はすでに市販されていて、買ってみましたが、世界の七四言語に対応しています。知らない言語だと、ちゃんと訳しているかどうか調べられないので一抹の不安はありますが、ちょっとしたことなら何でも即座に翻訳してくれるし音声変換が付いているから通訳もしてくれます。知り合いで多言語の国に大使として赴任することになった方の奥様は、この自動通訳機を買ったそうです。もうすぐ、スマートフォンで翻訳や通訳をしてくれるアプリも開発されるらしいし、政府は、AI（人工知能）を活用して、一五言語に対応できる同時通訳技術を二〇二五年の実用化を目指して開発する予定だと、読売新聞が報道しています（二〇一九年十二月十八日夕刊）。だからペラペラ英語よりも、意味のあることを話せる能力が求められる時代に、もう突入しているんです。

リスニングの訓練が第一歩

鳥飼　そこで問題。では、意味の重要性をどうやって訴えればいいですか？

齋藤　モーセのように強引に引き連れるより、ハーメルンの笛吹き男のように〝エサ〟を撒いて誘導したほうが得策でしょう。小学校時代にペラペラ願望を満たして英語に親近感を持たせることができたとしたら、意味があることをペラペラ話せればもっとカッコいいんだと教える。（笑）

鳥飼　ペラペラになろうと誘い出して、意味のある話の重要性に気づかせようという目論見ですか。

齋藤　そこには、二つの道があると思います。一つは母語で意味のある話をできるようにすること。もう一つは三章でも述べましたが、やはりリスニングを徹底すること。リスニング能力は、ペラペラ英語より、英語の基礎力になるんじゃないでしょうか。相手の話の意味が分かるということですから。

鳥飼　リスニングは本当に重要です。でも相手があるので難しい。リスニング力をつけるのは簡単ではありません。

齋藤　ただテストとしては、スピーキングよりリスニングのほうが測りやすいですよね。それにリスニングの能力が分かれば、スピーキングの能力もある程度は測れるんじゃないでしょうか。今もセンター試験でやっていますが。

鳥飼　情報を聞かせて正しい答えを選ばせる程度なら、テストしやすいですね。

かつてセンター試験でリスニングを導入すべきか否か議論になったとき、私は反対したんです。それは、「読むこと」に比べて「聞くこと」は地道な努力が反映されないし、英語圏からの帰国子女には圧倒的に有利になるから。そうしたら、ある国会議員に言われたんです。「帰国子女はいろいろな面で損しているから、このくらい得してもいいでしょう」と。

齋藤　新たに導入される大学入学共通テストでも、リスニングの配点は、現在の二五〇点中五〇点から二〇〇点中一〇〇点と、大幅に高くなるんですね。

鳥飼　「読む力」と「聞く力」の比重が同じになる。「書く力」「話す力」は民間英語試験で測るのでそうなったようです。その民間英語試験導入が見直しになったのが十一月一日ですから、問題を作成し直す時間的余裕がないのでしょうか。一〇〇点ずつの配点は変えないことになりました。「聞く力」は「読む力」が基本になるのに、同じ比重で良いのだろうかと思います。読んで分からないことは、聞いて分かるはずがありません。

齋藤　知らない単語は聞き取れないですからね。これは語彙力の問題でもあります。それに相手の話を聞き取れなければ、そもそも議論にもなりません。

鳥飼　大学入学共通テストで国語の記述式問題は、情報を読み取ることに重点を置いていました。「記述式」を国語と数学に導入することについても、中止を訴える声が強く、十二月十七日になって萩生田文科大臣は「見送り」を発表しました。採点業務を民間企業に六一億円で委託することになっていたのですが、アルバイト募集業者のサイトで「経験不問」「未経験者大歓迎」だったり「短時間でさくっと稼ぎたい方」まで呼びかけて人探しをしていて、衆議院文部科学委員会で野党が追及しました（二〇一九年十一月十三日、十五日）。ただ課題は採点だけでなく、問題そのものにも疑問があります。内容のあることを深く読み込ませる問いになっていない。プレテストでは、契約書を読ませる出題だったり、採点のブレを防ぐため、自由な記述ではなくなるような設問でした。結果として正解を求めることになっていて、記述式の意味がない。そういう意味では、英語のスピーキング試験と通底する課題があるかもしれません。

齋藤　プレテストの国語の記述式問題を見ましたが、独創的なすぐれた回答は点が与えられない採点基準でした。前後の文章を切り貼りした平凡な文章が満点になっています。そもそも記述式の採点基準を共有することは大変難しいので、大規模なテストには向いていません。入試の採点を毎年やってみれば、分かることです。

リスニングに話を戻しますと、今ならアメリカのＭＩＴ（マサチューセッツ工科大学）の授業がネット上でフリーで聞けたりします。それなんかは最高のリスニング教材でしょうけれど、あまり聞いている人はいませんね。

鳥飼　聞かないかもしれません。ＭＩＴのみならず、アメリカのいろいろな大学がこういうサービスを展開していますが、日本で利用している人は少ないのではないでしょうか。大学の講義ですから、英語も難しい。

それより人気があるのは、フィリピンのセブ島とオンラインでつながって、格安料金で、英会話を対面で練習するサイトですね。フィリピンがいいのは、安いだけでなく、企業人にとって「現実の商談では、むしろこういう英語が多いので役立つ」ということのようですし、「ネイティブ・スピーカーではないので気おくれしない」と説明してくれた人もいました。「あの程度なら私もしゃべれる」と安心するらしいですよ。今や、日本の各大学がセブ島で学生の英語研修をしています。

齋藤　目指しているのは、チャット英語なんですね。そうなると、ＭＩＴの講義を聞き取れるようになりたいとか、英語で論文が書きたいとか、そういう人は圧倒的に少数派ですね。

日本語訳を読ませてからリスニングを

齋藤　しかし、リスニングの方法を工夫すれば、もっと意味を摑んでみようという人も増えるかもしれませんよ。中学時代よりはもう少しレベルを上げて、しかし難しすぎると早々にあきらめてしまうので、テキスト選びを慎重にして。

たとえば以前、アガサ・クリスティの『オリエント急行殺人事件』をテキストにして、まずその一章分を日本語訳で読んでもらい、次に英文を音読してもらい、最後にそれを高速で読んでいるネイティブ・スピーカーの朗読ＣＤを聞いてもらう、という手順で学習してもらったことがあるんです。

あらかじめ意味がある程度分かっていれば、英文を読んでもだいたい内容は摑めますよね。その上でCDを聞くと、何も見なくても内容が頭に入ってくるんです。結局、その学生はセンター試験のリスニングで満点を取ったんですよ。こういう学習方法もありかなと思いますが。

鳥飼　それはありです！　アガサ・クリスティはおもしろいから、ついついのめり込んでどんどん読みたくなるし、ただ聞いているだけではなく、合わせて自分も声を発していくと、ますます面白くなる。ベルギー出身の名探偵ポワロになりきった気持ちで独特の英語を喋ったりね。

齋藤　それを章ごとにやったんです。そうしたら、だんだん落ち着いてリスニングに立ち向かえるようになりました。英語を聞き取れると本当に嬉しいですからね。

鳥飼　そこまでちゃんとやれば、本当に力がつくと思います。ですが、ちゃんとやるかどうかが問題。（笑）

齋藤　ある程度、強制力を持ってやらせないとダメでしょうね。

英文解釈で頭が良くなる

齋藤　それからもう一つ、高校生をその気にさせるなら、「英文解釈をすると頭が良くなるよ」と誘導するのはどうでしょうね。これは誇張ではなく、実際に頭の精度が極端に上がると思うんです。

鳥飼　それはぜひやりましょう。高校でやるべきです。

齋藤　数学も頭を鍛えるのですが、それ以前の段階で挫折してしまう生徒が多いので、スタートラインにすら立てない。その点、英文解釈も難しいですが、まだ門戸は広いだろうという気がします。

鳥飼　やりたいですよね、いや、やらなきゃいけないです。

齋藤　先にも話しましたが、英文は構成がしっかりしています。その構造と単語の意味が理解できれば、きっちり訳せるはずですよね。緻密な作業ですが、その分、頭は鍛えられるはずです。しかも、これこそインターナショナルに求められる能力ではないでしょうか。

鳥飼 そう。なんとなく、こんな意味かな？ くらいのぼやっとした訳しかできないままでは、コミュニケーションにならないし、本人も落ち着かないでしょう。

齋藤 それに日本語での会話なら、〝ふんわり〟でも通用してしまう。ざっと聞けば意味は分かるし、適当にごまかすこともできます。だからこそ、英語を使った訓練が必要なんです。

特に高校生に勧めたいのが、『英文標準問題精講』（原仙作著／旺文社）という大学入試向けの参考書です。そこに掲載されているのは、アイザック・ニュートンやバートランド・ラッセルなど超一流の知性による文章ばかり。難解なのですが、意味が分かると「欧米の最高峰の知性とはこういうものか」とワクワクできる。これらの文章が読めれば、もうどんな英文も怖くなくなるでしょう。

また英語の勉強という部分を除いても、高校時代にこういう知性に触れることは、たいへんな財産になると思います。将来的に欧米の人と交流する機会があったときも、自信を持って接することができるはずです。そういう意味でも、ちゃんとした勉強をしてほしいと思いますね。

しかも、単に文章が並んでいるだけではなく、ポイントとなる文については構造が図解化されているんです。骨格としてのSVCがどこにあって、一つ一つの単語がどういう関係性か、一目瞭然になっている。難解な文章を読むとき、こういう図がパッと頭の中で浮かぶようになれば、文法はかなり理解できていると考えていいと思います。これが、「頭が良い」という状態でしょう。

私も大学受験の頃に使っていたのですが、苦労はしたものの楽しかった覚えがあります。けっして受験勉強全体が好きだったわけではないのですが、この本はふつうの教科書にはない「知への憧れ」を喚起してくれたんです。しかも、頭も鍛えられる気がして、スッキリする。

鳥飼　たいへんな名著なんですね。

齋藤　初版の発行が一九三三年なので、もう九〇年近く前からあるロングセラーですね。それで、いくつかのシリーズがあるらしいのですが、発行部数が一二〇〇万部以上。つまり一二〇〇万人以上の人が、ものすごい知的レベルに達しているはずなんです。(笑)

途中で挫折した人もいるかもしれませんが、しかし方向性は間違っていなかった。実は正しい頭の訓練をしてきたということなんですよ。総合的に見て、日本人の頭の精度はけっこう高いと思うのですが、その一因はこの一冊にあったのかもしれませんよ

（笑）。少なくとも、英語という教科の貢献度は高かったはずです。
だから今こそ、われわれは声を大にして言うべきだと思います。英語を学ぶのは、ペラペラ話すためではない。頭を良くするためなんだ、と。

最高品質の英文を読む楽しみはなぜ見捨てられたのか

鳥飼　日本人は実は正しい頭の訓練をしてきた、という解釈もできます。しかし、残念ながらそれは過去形の話です。今の文科省の方針は、まったく逆方向。訳さなくていい、とにかく話せればいい、ですから。それは文科省というより、世論の願いであり、財界の要望であり、それを受けた政界の方針です。

齋藤　そうなんですよね……。最近の東大生に「『英文標準問題精講』が参考書の基本だったでしょ？」と聞いてみたら、「今の英語はそこまで要求されていません」と言われてしまいました。要するに、"too much"だと。それだけ入試問題の質が変わったということでしょう。
たしかに今の受験英語は、なんとなく全体像を把握すればいいとか、ポイントだけ摑めればいいという感じですよね。それに対してこちらは、一文も逃さずにすべて仕留めるというやり方ですから。

鳥飼　そこまでは、今の受験では要求されませんね。少なくとも一九八九年に学習指導要領がコミュニケーション中心に改訂されてからは、ないでしょう。一九八六年の臨時教育審議会答申で、それまでの英語教育は成果を上げなかったから抜本的に変えるべきだとなったのが、今の流れを作っているんです。三〇年を超えての「話せる」ようにする改革の滔々とした流れです。ただし進学校などで、先生の判断で使っているところはあるかもしれません。

齋藤　こういう本格派の訓練はあまりしたことがないので、頭がとても疲れるそうです。もし、今の一般の高校生にやらせてみるとどうなるでしょうね。

でも、疲れるのはいいことなんですけどね。

鳥飼　生まれて初めて頭が疲れる経験をするわけですね。（笑）

齋藤　反射的に答えようという訓練ではありませんからね。じっくり読んで、構造と単語の意味の両方から攻めて正確に和訳する。そういう本格的な訓練から、文科省はなぜ逃げてしまったのかと思います。

鳥飼　逃げたのではなくて、たぶんペラペラ英語に立ち向かっているつもりなんですよ。小難しい英文解釈は実用的ではないから、それよりも気楽に英語を話せる若者を育てようと真剣に考えている。あるいは、学生時代にこういう英文解釈を経験しなかった人たちが、今の政策を作っているのかもしれません。

齋藤　それはあり得ますね。英文解釈をくぐり抜けてきたら、これをムダと考えることはないはずです。まして歴史的に最高品質の英文が読めることは、きわめて幸せな経験ですからね。未来の担い手である今の高校生・受験生にも読ませてあげようと考えるのがふつうですよね。

鳥飼　高校生だけではなく、ちょっと読ませたいと思う人が政界にも財界にもいます。

「論理国語」の勘違い

齋藤　意味を取るといえば、英語だけではなく国語も心配です。二〇二二年度から、高校の国語の授業は従来の「現代文B」が「論理国語」と「文学国語」に分かれて、どちらか一方を選択することになります。ちょっと英語の話からは脱線しますが、これは非常に危険なことだと思います。文学的な国語は非実用的なので要らない、という判断になりやすいですから。

鳥飼　そうなんですよ。選択できるといっても、現実に大学入学共通テストでは情報を読み取るような記述式問題だったりするので、それを考えれば「文学国語」よりは「論理国語」だろう、となりそうです。

齋藤　本来、論理を理解することと心情を理解することはつながっています。それを、小説は情緒的だから非論理的、と区別してしまうこと自体が間違っている。論理に対するコンプレックスのようなものを感じます。

鳥飼　英語と同様、これもコンプレックスですか。

齋藤　そう、論理的には欧米の言語が優れていて日本語が劣っている、という勘違いが根っこにあるのでしょう。たしかに明治時代の文明開化の頃まで、学術面では欧米が圧倒的に進んでいました。しかし二章でも話し合ったとおり、それを輸入して勉強し、すべて日本語に置き換えた。

鳥飼　一生懸命に新たな日本語を生み出しながらね。それが可能だったということは、日本語はけっして非論理的な言語ではないということになります。

齋藤　論理的な言語として十分に機能しています。それなのに、「論理国語」のような切り取り方をするのは異常です。

鳥飼　そのとおりだと思います。

齋藤　だから教科書の作り方も変わったんですよ。昔は文豪と呼ばれる作家のいい文章を載せていたのですが、今は半分以上が書き下ろしになっています。有名な作家さんや評論家さんに、「こういう主旨でこういうことを書いてください」と依頼するそうです。その結果、深みに欠ける説明文ばかりになってしまいました。

そういうものを読ませるぐらいなら、夏目漱石や芥川龍之介を読ませたほうが、よほど教育効果は高いと思うんですけどね。

鳥飼　どうしてそういう薄っぺらい判断をするようになってしまったんでしょうね。

齋藤　一つには、旧制中学や旧制高校の出身者が年々減っているからだと思いますね。これらの戦前の学校では、徹底的な語学教育と教養教育が行われていました。英語だけではなくフランス語やドイツ語、それにドストエフスキーやニーチェなどもよく読まれていたんです。

鳥飼　そう、内容のあるものをがっちり読ませていたんですよね。外国語も英語だけでなく、フランス語やドイツ語も勉強していた。そういう教育を受けてきたエリートたちが、教育とはこういうものだという信念の下で制度を作っていたのでしょう。

齋藤　そうなんですよね。でもその伝統が、終戦で途切れてしまった。そして戦後は、ひたすらコンプレックスに苛まれて、その克服にエネルギーを注いできた、と。

鳥飼　英語のみならず、未だに日本語にもコンプレックスを抱えているというのは哀しいですよね。

齋藤　しかも、その克服のために持ち出したのが「論理」です。でも、論理というものの根本には、必ず感情があると私は考えています。どれほど論理的な評論文でも、そこには書き手の好き嫌いが反映されている。むしろ、その感情を表明するために論理構成しているのが評論文ではないかと。だからその感情を読み取らなければ、論理は捕まえられないと思うんです。

論理的に突き詰める印象のある司法の世界でも、「利益衡量」という考え方があります。法律の条文だけでは解決できない問題が多々あるので、どちらの利益がより大きいかを比較しようということです。これは、感情の問題を抜きにしては考えられませんね。あるいは裁判官の判決文ですら、この被告人は心情的に許せないから重い刑罰を与えよう、という感情がにじみ出ることがあります。

鳥飼　裁判官といっても感情のある人間ですからね。たしかに論理の後ろには、必ず人間の感情なり情感がある。そこを汲み取ることが大事ですよね。

齋藤　だから、あまり論理を強調する人というのは、本当に論理的な思考をしたことが少ないいんじゃないでしょうか。いっさいの感情を排した文書というと、身近なところでは家電の取扱説明書のようなものかもしれません。しかしあれは、論理国語というより説明文ですからね。あるいは実用的な文書という意味では、新聞くらいでしょう。つまり、新聞を読んで理解できれば、「論理国語」は修了でいいと思いますけどね。

論理的な「哲学」の底流にも感情がある

鳥飼　英語の論理構成を学ぶと助かるのは、肝心なことを最初に持ってきて最後にまとめるという直線的な構成なので分かりやすいのと、インターネットやSNSの時代にはそのほうが読んでもらえて得をするという利点があるからです。でも、それは「論理的な構成」ということであって、英語という言語だって人間の感情がこめられます。

「国語」教育の改革を見ていると、何か、「論理」というものを特別扱いして、非論理的なものはダメと決めてかかっているところがありますね。だから文学は情緒的過ぎてダメ。評論文も論旨が明快なものを選ぶとか。大学入試センターが行った大学入学共通テストに向けた「プレテスト」（試行調査）でも、国語の問題は架空の高校の部活動の規約を読ませたり（二〇一七年度）、著作権法の条文を載せたり（二〇一八年度）していて、これ、何？　と思いました。

齋藤　それで日本語の理解力を問うというのは、すごく薄っぺらい感じがします。言語をバカにしているというか、日本語の奥行きを舐めているというか。それなら、国語の授業でずっと法律を読ませればいいのかという話になります。

私は法学部出身なので法律はよく読みましたが、あれは日本語の本質ではありません。もっと大量の評論文や文学作品を読んで、読解力を鍛えるほうがずっと大事。そうすれば必然的に法律も読めるようになります。

鳥飼　自分の利害に関わると思って必死に読めば、まあ分かりますよね。（笑）

齋藤　読解力とは文脈を理解する力だと思います。論理的に見える文章も、小説的な文章も、すべて文脈ではつながっています。それを論理だけで考えると、解釈が狭くなってしまうんです。

たとえば「哲学」の論文というと、いかにも論理的に綴られているようなイメージがあるかもしれません。しかしそこには、たいてい先人の哲学を叩き潰したり踏襲したりしながら、自分の主張を知らしめたいという欲望がある。たとえばニーチェなら、とにかくキリスト教道徳が嫌いとか（笑）。そういうところまで読み取らないと、理解したことにはならないと思いますね。

鳥飼　そういえば哲学は、日本語に訳した途端に分かりにくくなりますよね。私は原文が英語の場合は英語で読みますが、日本語の翻訳を読むとやたら難しい。ドイツ語やフランス語で読むともっと分かりやすいという話を聞いたことがあります。日本語に訳すと難解になってしまうのは、抽象語には漢語を使う日本語翻訳の宿命でしょうかね。

齋藤　それは、翻訳の過程で日常用語と切り離されてしまうからでしょう。たとえばハイデッガーの『存在と時間』も、原文を読むと、基本的にはハイデッガー自身がふだん使っていたドイツ語の日常用語をベースにして書かれています。ところが、それが日本語になると抽象語だけで構成されてしまう。これでは難解になりますよね。しかし、かと言って日本語の日常用語に置き換えることも難しいと思います。

だから、それは一つの学術的な用語だと割り切るしかないんじゃないでしょうか。あらゆる学問には専門用語がありますからね。たとえば生物学で「ＤＮＡ」という用語を覚えたように。

むしろ、日常用語と哲学が地続きだと思うからダメなんでしょうね。小説を読む感覚で哲学を読むのは、ちょっと無理がある気がしますね。

鳥飼 でも、たとえばフランスでは大学入学資格を得るための試験の科目に哲学が必ず入るんですよ。日本に留学してきたフランスの大学生が哲学をよく知っているので、聞いてみたら、大学に入るには哲学が必須なんだと言っていました。

ということは、大学への進学を希望したら、少なくともフランスの哲学者については学ぶことになる。

齋藤 専門用語に慣れさえすれば、言っていることはそれほど難解でもないんですよね。だから哲学に触れたければ、最初のうちはできるだけ専門用語を使わない哲学者を選べばいいと思います。

そういう意味ではプラトンやニーチェが最適だと思いますね。著作は文学的でもあるので、読もうと思えば読める。それによってこれが哲学なのかという感覚を摑めれば、ちょっと安心できるでしょう。

ついでに言うと、難解さには二種類ありますね。納得できる難解さと納得できない難解さ。言い換えるなら意味のある難解さと意味のない難解さ。後者の場合、翻訳が悪すぎる場合もありますからね。

鳥飼 だいたい意味が通らないときは、翻訳者があまりよく分からずに訳している場合が多いですね。

齋藤 新訳が出たときに、「こういうことだったのか」とようやく理解できたりする。（笑）

鳥飼 ありますよね。

論理だけでは解釈できない

齋藤 本当に言語を使いこなせる人が、どういうプロセスでそうなったかを真面目に考える必要があると思います。間違いなく、「論理国語」のようなものだけを練習してできるようになったわけではないはずです。

鳥飼　そこを強調したいです。でも、新しい学習指導要領は、英語も国語も論理重視です。グローバル人材は、論理的なコミュニケーション力が必要条件だという問題意識から出発しているようです。

齋藤　たとえば、川端康成の文章や芭蕉らの俳句がどれほど豊かか。それを見ずに、論理というものだけで判断しようとしています。でも、論理以上の多くのものを伝えて、なおかつ論理的でもあるのが日本語だったはずなんですけどね。

あるいは夏目漱石や森鷗外、三島由紀夫といえば、日本人の中でもきわめて論理能力に優れた人物ですよね。たとえば三島の『金閣寺』など、これ以上論理的に書けるのかというぐらい論理的です。ではこの作品は「論理国語」なのか「文学国語」なのか。もし論理的ではないと分類したら、三島はどう思うでしょうね。

鳥飼　怒って出てきちゃいますよ。

齋藤　出てきてもう一回切腹しますよ。「ここまで日本人は日本語を貶めたのか」と。あるいは谷崎潤一郎の作品もそう。いかにも文学的ですが、ものすごく緻密な論理力で構成されています。

つまり日本の文豪たちというのは、論理力のトップランナーでもあったわけです。なおかつ心情理解も深い。そういう文豪による奇跡の名作がたくさんあるのに、それを切り離して「論理国語」を教えようというのは、いったいどういう了見なのか。国語こそ、文豪の日本語を教えるべきでしょう。

鳥飼　高校生には、ぜひ文豪の日本語を読んでもらいたい。英語の授業ではそれを英訳して、日本語と英語との距離を摑んでもらうとかね。

齋藤　その上で、お手本のように正確に英訳されているものを読むのも面白いですね。逆にしっかりした英文とその和訳を読んでみるのもいいでしょう。そうすると、自分の翻訳力の足りない部分が分かるとともに、日本語と英語の間に言語としての格差がないことにも気づけると思うんです。「意味」があるものは、言語に関係なく分かり合えるのだと。つまり、コミュニケーションを図れるということです。

鳥飼　言語の違いはあるし、文化という溝はあるけれど、それはどちらが優れているかという格差ではない。日本語と英語の間で行ったり来たりして苦労しているうちに分かってくる。文化が違うと言語もここまで違うのかと気づくこともあるでしょうが、どこかで折り合えると知ることは大事ですね。

齋藤　現実的には、八割方は折り合えると思うんです。しかし翻訳する能力が足りないと、折り合えないいんじゃないかと疑心暗鬼になる。そうするとますます翻訳する気がなくなるという悪循環に陥るんですね。要は、いかに「折り合える」という確信を持って意味を交換できるかということなんですが。

鳥飼　私は翻訳学・通訳学が専門ですから、異言語間の差異とか溝についての感覚が違うかもしれませんね。

齋藤　結局、これは訓練の量の問題だと思います。ある程度の量をこなしていくと、だんだん整いやすくなってくる。そこまで行き着くのは苦しいですが、モヤモヤしている状態を突き抜けると、その先に、霧が晴れて遠くまで見渡せる世界が待っているんじゃないでしょうか。

鳥飼　翻訳の方法には大きく二種類あります。これは哲学者シュライエルマッハー（シュライアマハー）の翻訳論ですが、著者をできるだけそっとして読者を著者のほうへ旅させる方法と、著者を読者のほうに向けて動かす、つまり読者にとって分かりやすい訳にする方法です。異質性を尊重するなら前者で、多少分かりにくくてもゴツゴツして読みにくくても、それを容認する。高校生が教室で翻訳するなら、両方を試してもらいたい。

齋藤　そういうことですよね。英文和訳なら、頭から読んでいって著者の文脈を捉えて、その思考に自分の思考を沿わせていくわけです。それで意味が通ったと思ったら、それを読みやすい日本語に置き換えていく、と。

鳥飼　日本語に簡単には訳せないような表現や語句に出会ったとき、どれだけ近い言葉を探せるかも勉強の一つですよね。あるいは、どうしても埋め切れない溝もあると気づくことも大事。ほぼ伝わるけれど、ニュアンスが違うとかね。

「頭の良い」高校生を育てよう

齋藤　論理と感情の話は、先ほどの「頭の良さ」に直結します。

私たちはどういう人を「頭が悪い」と考えるか。それは英語ができないとか、数学の問題が解けないといったことではないですよね。ふつうに話をしていて、相手の理屈と感情をセットで理解できない人、つまり法律の条文を読み上げるように杓子定規な対応しかできない人、逆にひたすら自分の感情を相手にぶつけてくるような人を、「頭が悪いなあ」と感じるのではないでしょうか。

鳥飼　そういう人とコミュニケーションを図るのは難しいですね。

齋藤　そうなんです。たとえ意見が対立していても、頭が良い人どうしなら渡り合える。お互いの理屈と感情を汲み取りつつ、妥協点や新たな解決策を見つけることができるんです。しかし頭が悪い人どうしになると、議論は平行線をたどっていがみ合うだけ。感情的な対立が激しくなるだけです。

では頭の良い人と悪い人が向き合ったらどうなるか。これも問題ありません。頭の良い人は悪い人を相手にしないので。（笑）

そうすると、頭が悪い人はどんどん孤立していく。いくら英語をペラペラに話せたとしても、まったく意味がありません。極論すれば、個々人や社会全体が抱えている問題の諸悪の根源は、「頭の悪さ」に由来するのではないでしょうか。

鳥飼　そういうことですか。相手の理屈と感情を汲み取れない、というか理解しようとしない人のことを頭が悪いというのですね。相手の真意を汲み取るのが本当のコミュニケーション。表向きはこう言っているけれど、本心ではこう考えているんだろうな、と。そこまで察してこそ、いい関係が築けるんですが、それには理屈と感情の両方を読み取る能力が欠かせない。

齋藤　理屈ばかり考えて、相手の感情を排除するのが一番危険。相手が何のためにそれを言っているのか、価値基準はどこにあるのかを理解するのが、言語のコミュニケーションですよね。少なくとも、対象を肯定的に捉えているのか否定的なのか、瞬時に判断する必要があります。それをせずに自己主張ばかりすると、たちまちクラッシュする恐れがありますからね。

たとえば少子化や気候変動といった現象に対し、それを大問題と捉えているのか、別にかまわないと考えているのかによって、出てくる言葉は違いますよね。それによって、自分の言葉も変える必要があります。

鳥飼　相手の心の中にある意識とか意図を推測する、ある意味で忖度しないと、角が立つだけですからね。

齋藤　そうです。別に相手によって自分の意見を変えようという話ではないんです。相手の価値観によって言い方を変える。そうしないと会話が続きません。そのバリエーションを多く持つことが、頭の良いコミュニケーションということだと思います。

あるいは身近なコミュニケーションを考えてみても、質問に対して的確に答えることができる人は、「頭が良い人」という印象になりますね。

鳥飼　たしかに。それを日本語でも英語でもできるようになれば理想的ですね。日本語でも、よくあります。悪気ではないのかもしれないけれど、質問をはぐらかしたり、適当に受け流したりすると、相手は嫌になってしまう。

齋藤　「この人の頭は大丈夫か？」と疑いの目を向けてきますよね（笑）。たとえペラペラ話せたとしても。

鳥飼　それが英語だと、「発音はいいけど、ちょっとどうなの？」となるでしょうね。

齋藤　それは結局、本人が損をする話でしかありません。ましてビジネスの現場であれば、いい加減な対応が命取りになることもある。日本の将来を担う高校生を、そんな目に遭わせたくはないですよね。

鳥飼　だから国語では心に響くような作品を数多く読んで、論理と心情の両方を汲み取る力を高めましょう。そして英語でも、心に響く英文を多く読んで、意味を解釈する訓練をしましょう。これはぜひ進めたいですね。文科省の方針を真っ向から蹴飛ばすことになりますけど。（笑）

六章

「とりあえず話したい」人のために

「スモール・トーク」と「インテレクチュアル・トーク」

鳥飼　大学英語教師になりたてで非常勤講師として教え始めた頃、ネイティブ・スピーカーの先生が「日本の学生はどうしようもない」と怒っていたことがあるんです。「何を聞いても黙ったままだ」と。

授業を始める前に「昨日の日曜日は何をしていた？」と軽い感じで全員に声をかけても、誰も一言も発しない。仕方がないので誰か一人を指名しても、当人は困った顔をしてうつむくだけ。その結果、教室の雰囲気がすごく悪くなったと言うんです。

日本で有数の大学で、話すことには慣れていないけれど、英語力のある学生が集まっていました。読解力があるからＴＯＥＦＬスコアも高いし、人とのコミュニケーションを拒否するような学生たちでもありません。私はいつも楽しく教えていました。

それで、彼らに事情を聞いてみたんです。そうしたら「日曜日をどう過ごそうと自分の勝手でしょ。どうして先生にプライバシーを話さなきゃいけないんですか」。（笑）

齋藤　そこに問題があったんですね。

鳥飼　学生たちはすごく真面目なので、聞かれたことにはきちんと答えなきゃいけないと思っているんです。「まさか先生に対して、学園祭サボって一日中寝てました、なんて言えないじゃないすか」と訴える学生もいました。で、なんでもいいから適当に答えればいいじゃない、こういう会話を英語では「スモール・トーク（small talk）」と言って、それほど深い意味のない挨拶代わり、人間関係作りの雑談なんだ、と説明しました。

齋藤　適当な会話には、適当に話して流す力も必要ですね。「スモール・トーク力」とでも名付けましょうか。日本語で言えば「雑談力」（笑）。日本人どうしでも、この力は足りていませんね。そもそも習慣があまりないので。

鳥飼　ないですよね。それから語彙力の問題もある。別の学生は、「学園祭でチョコバナナを売っていた」と答えようとしたそうです。ところが、「チョコバナナ」をどう英訳していいか分からない（笑）。それでいろいろ考えているうちに、先生が「もういい」という感じで授業を始めてしまったそうです。

ネイティブ・スピーカーの先生は、学生が一日中寝ていようが、どこかへ遊びに出かけようが、詮索するつもりはなく、ほんの挨拶代わりに英語で会話しようと質問を投げかけているだけなんですよね。学生が何も答えないと、英語の授業に出ているのに英語を練習しようとしない、と腹が立つようです。

二〇二〇年度から小学生が使う検定教科書を見ると、「スモール・トーク」が入っています。練習させようというつもりですかね。ただ、英語のsmall talkは、同僚や友達、あるいはたまたま出会った他人とちょっとした会話をして人間関係を円滑にするためのもので、意外に難しい。どういう話題を出して、どう話をつなげていくか。小学生でできるのでしょうかね。もっとも、最近の英語の授業は、ほとんどスモール・トークかもしれない。丁々発止の議論をする内容のある会話というよりは、雑談っぽい。

齋藤　分けて考える必要がありますね。適当に受け流すスモール・トークと、意味のあることをしっかり話すことと。こちらはどう名付ければいいですかね。

鳥飼　「インテレクチュアル・トーク（intellectual talk）」とか。

齋藤　いいですね。訳せば「知的な会話」。意味のある会話は知的なんだと。これらはまったく別物で、ダンスと卓球ぐらい違う。だからそれぞれ練習が必要ということですね。

日本人の「オーマイガー」はみっともない

齋藤　ビジネスなどで本格的に英語を使う人は別として、大半の人はスモール・トークができれば十分と思っているかもしれませんね。

　その手っ取り早い方法は、役者のように演じること。つまり台本のセリフを覚えて、ペラペラ「風」に話せるように練習して、その場その場で使い分ければいい。

鳥飼　セリフを覚えるのは、役に立つでしょうが、問題は、そういう努力すらしたがらない人が多いこと。何もせずに、いきなりペラペラ話せるわけがないのに。

齋藤　少なくとも、舞台に立ちたいなら台本の暗記は必須ですよね。とりあえずスモール・トークをこなすために、シチュエーションに合わせたフレーズを複数覚えておけばいいと。それが五〇〇個か一〇〇〇個かは分かりませんが。

鳥飼　基本はそうですね。その場の状況や相手に合わせて使い分けることが大事。ただし要注意は、慣用的な表現ですね。日本人の熱心な英語学習者ほど、アメリカ人がよく使っているからと、ひたすら真似することがよくあります。特にスモール・トークの場面では、ふだん着の英会話ができる感じを装いたいのでしょう。

齋藤　くだけた感じで話せれば、それだけで「かっこいい」となりますからね。

鳥飼　ところが、そういう英語は正式な場では使えないことが多いんです。それを知らずに使ってしまうと、場違いになったりするので危ない。

先日も英語番組で、"blow my mind" という慣用句がツイッターに出てきたんです。くだけた表現の一つで、文字どおり「脳がぶっ飛ぶほど驚いた」という意味です。アメリカではよく使われる慣用表現ですが、あらたまった場では使いません。知り合いのネイティブ・スピーカー何人かに確認してみたら、目上には使わないとか、自分を主語にしないで何かが自分を驚かせたという言い方にするとか、過去形でしか使わないとか、語法が微妙なことが分かりました。それで、紹介はするけれど、「くだけた表現です」と説明を入れることにしたんです。

ところがいざ収録が始まると、司会者とゲストの間ですっかり盛り上がり、"blow my mind" と、ワイワイ言い合う感じになってしまいました。面白い表現なので、みんな使いたがるんですね。番組終了後、編集したので、放送はされませんでしたけど。

齋藤　多くの人は、畏まった英語より、ツイッターレベルや日常会話レベルの英語を求めているわけですよね。ならばそこに特化して教えるのも、一つの方法かなと思いますが。そこから英語に関心を持つようになって、上達していくという道筋もあるんじゃないでしょうか。

鳥飼 そうですねえ。ただ、それにも限度があると思うんです。下手な英語を喋っている人が、突然くだけた表現を場違いに混ぜたら異様じゃないですか。日本語で「ワタシハニホンゴ、ヘタデス」とたどたどしく話していたのに、「脳がブッ飛ぶゾ！」といきなり言われたら、えっ？ と思いますよね。（笑）

齋藤 下手ぶりが余計に際立つわけですね。慣用句といえば、よく"Oh my God!"というのも聞きますね。日本人が言うと「オーマイガー」ですが。

鳥飼 それも日本人は好きですね。お笑い芸人さんたちが、番組内で連発していた時期がありました。私も最初のうちは我慢して聞き流していましたが、とうとう何回目かに注意したんです。「みっともないから、言わないほうがいいですよ」と。「えっ、そうなの？」と驚いていましたけどね。

なぜ私が気にするかというと、この言葉の本当のニュアンスが理解されていないと思うからです。以前も、ある大学で英語スピーチ・コンテストが開かれたとき、見事なスピーチをして優勝した学生がいました。それで彼は壇上に呼ばれて受賞コメントを求められたのですが、感激していたのか、ほとんど何も言えないで、ひたすら、「オーマイゴッド！」と繰り返していました。

齋藤　“Oh my God”というのは、ネイティブ・スピーカーの方には違和感のあるフレーズなんでしょうか。

鳥飼　「God（神）」が出てくるわけですから、本来はやたら口にしてはいけない言葉です。旧約聖書の「モーセの十戒」に、「あなたの神、主の名をみだりに唱えてはならない」とあります。よほど大きな出来事があったとき、その禁を破ってしまうくらい驚愕した、というニュアンスなんです。

たとえばケネディ大統領が暗殺されたとき、隣にいたジャクリーヌ夫人が思わず放った言葉が、“Oh, my God!!”（「ああ、神さま！」）。そんな感じなんですよ。

もちろん、ネイティブ・スピーカーでも気楽な仲間内で言い合うことはありますよ。特に、西海岸の若い人たちの間では。でも時と場合によるし、安易に使うと眉をひそめる敬虔なキリスト教徒はいます。少なくとも、いつでもどこでも誰にでも使える表現ではない。「神」（God）を避けるために、“Oh, my goodness!”と言う人も多いので、ご注意

ください という感じでしょうか。

　まして、ろくに英語を話せない日本人が「オーマイガー」と連発するのは、ちょっとみじめで哀しい感じがするんです。そんな部分だけネイティブ・スピーカーを気取ることはない。言うべきことがあるなら、もっときちんとした英語で話したほうが説得力があります。

困ったときの“by the way”

齋藤　そういう表現上の〝地雷〟を踏まないためにも、またスモール・トークでペラペラ「感」を出すためにも、やはり最初はいくつかのフレーズをセリフのように覚えることが有効ではないでしょうか。フレーズが頭に入っていないと、会話しようとしても何も出てきませんので。

鳥飼　それはそうですね。何かを表現したくても、そのためのストックがないと何も言えない。肝心なときに何も言えないのは、覚えたはずの語句が記憶から取り出せないのか、取り出したくてもそもそも蓄えがないのか。いずれにしても、何も出てこない日本人が多いですね。

齋藤　黙っちゃうんですね。ではたとえばそういうとき、間をつなぐフレーズのようなものはありますか？

鳥飼　相手から何かを聞かれてすぐに答えが見つからないなら、"Let me see…"とか"Let me think…"と言って時間を稼ぐ。「そうですねえ……」という感じ。黙って天井をにらんだり床を見たりしていると相手は落ち着かなくなって気の毒なので、一言「そうねえ……」と声を出しつつ、考えているのだと知らせる。その間に、頭の中で急ぎ話す内容を考え、英語の単語や語句を探して組み立てる。これって大変な作業なので、つい虚ろな目になってしまうのですが、「ウー」とか「エー」とか音を出すだけでも、相手には「ちょっと待って、今、答えるから」という合図になります。ただ、その後に話すべき内容が何もないとお手上げですが、"I don't know."などと逃げないで、何でも良いから何か意見を言えるよう、日頃から練習しておきたい。

齋藤　あるいは、相手のネイティブな英語が聞き取れないときは、どうすればいいでしょう？

鳥飼　二つあります。一つは二人の対話の場合。正面突破で「あなたの言うこと、分かりません。もう一度、説明してください」と頼む。その時に、「リスニングができないんです」だの「英語がダメで聞き取れませんでした」などと本当のことを告白する必要はないし、ましてや「こんな私でごめんなさい」などと謝る必要はない。対話は、話し手と聞き手の双方が努力して作り上げるもので、聞き取れない場合は話す側も言い直して理解してもらえる努力をするべきなんです。「聞き取れない」ではなく「分からなかった。分かるように説明して」と頼めば良い。

もう一つは、何人かが集まって喋っている時に、英語が母語でない日本人が一人混じっていると、どうしても会話に食い込めません。英語が難しいだけでなく、その場にいる人たちが共有している背景の知識や情報が不足しているので、黙って聞いているだけになってしまう。それが悔しかったら、口を挟めそうなちょっとした時間の隙間を狙って、"by the way" と強引に話の輪に入り込んで、自分の言いたいことを喋る（笑）。「ところで」だから、それまでの話題と関係なくても話せる。ネタをあらかじめ用意しておいて、機会をとらえて "by the way" ですよ。

齋藤　スモール・トークにおける "by the way" は万能ですね。相手がひとしきり好きなことを話したら、こちらだって好きなことを話す権利はあるはずだと。その反撃の狼煙《のろし》

としての"by the way"。(笑)

鳥飼　二人で会話している時に、相手の言ったことを無視していきなり話題を変えるのでは失礼になるから、相手の言ったことをちょっと受けてから、"by the way"ですね。「なるほどねえ。ところで」という具合。

齋藤　相手が得意とする英語の土俵で来る以上、こちらとしてもそれなりの得意技で対処するしかないですよね。

あるいは「昨日の日曜日は何をしていた？」と聞かれた場合も、律儀に昨日の話をする必要はない。一ヵ月前に見た映画の話でもすればいいんです。「昨日は寝ていたが」と前置きした上で、"By the way, do you know 'Kingdom'?"などと言えば、一気に人気マンガ「キングダム」の話に持ち込めますよね。

鳥飼　それで英語をちょっと話したという達成感を味わって、自信をつける。

立食パーティなら、ふつうは短時間ちょっと喋って、次の人と話すので、いろいろ試すことができるでしょう。あるいは商談の前なら、ちょっとだけ英語でスモール・トークをして相手と良い関係を作り、「ここから先は通訳さん、お願いします」と入ってもらう。真剣勝負までカタコトの英語で挑む必要はありません。肝心なことは日本語で話したほうがいいですよね。

齋藤 逆に言えば、スモール・トークはそれだけ真剣勝負ではないということです。日本人はパーティに怯え過ぎ。記者会見じゃないんだから、もっと適当でいいですよね。

鳥飼 それからもう一つ、知り合いの新聞記者の方に聞いたのですが、英語を話さなきゃいけないパーティに出たら、自分がいろいろ話すのではなく、相手に何か質問をするそうです。そうすると相手は話してくれるので、情報収集にもなる。話が終わったら“Thank you.”とお礼を言って別れるのだそうです。そこに自分のスモール・トークも多少加えることができれば、英語でコミュニケーションがとれたことになると思います。

齋藤 たしかに、質問はコミュニケーションの王道です。その答えを聞き取れても聞き取れなくても、ちょっと受けてから、“by the way”と転換して自分の話に持ち込めば違和感はないでしょう。

鳥飼 それで会話の時間も少し長くなりますしね。あまりいいやり方ではないかもしれませんが、質問されたら質問で返すという手もあります。アメリカ人の学者が研究会で、とても興味深い講演をしたので、質疑応答の時間になったときに手を挙げて質問したんです。そうしたら、「いい質問ですねえ」と言って、すぐに“What do YOU think?”（あなたはどう思います?」と逆に聞かれました。

聞いているのは、こっちなのに、と言いたくなりますけど、こういう切り返しは珍しいことではない。この人は質問するくらいだから、何かを考えているはずだ、意見があるはずだ、という前提で聞き返し、その後に二人の意見交換になります。これをうまく使って、答えに窮することを聞かれたら、「あなたはどう思う?」と聞き返せば、しのげますね。

パーティでは"My Favorites Map"を用意せよ

齋藤　いずれにせよ、スモール・トークで重要なのは「持ちネタを用意する」ということですね。とりあえず一〇個ぐらい持っていれば、どんな場面でも応用できるんじゃないでしょうか。

私は英語教師を目指す学生のクラスで、「来週の授業で、この一週間に起きた出来事を紹介する」という課題を出したことがあります。条件は笑い話にすること。そうすると、それぞれ日常生活からネタを拾って、ノートにまとめてくるんです。いわゆる「ネタ帳」ですね。

これがあれば、けっこう面白く話せるんです。パーティに行ったとか、彼女にフラれたとか、街で珍しい出来事に遭遇したとか。ジョークもきちんと入っているし、それがけっこうウケるんです。それを毎週やっていれば、ネタも溜まっていきます。

だから、日本人でも準備さえあれば話せるんです。特にスモール・トークをマスターしたいなら、「ネタ帳」は必須じゃないでしょうか。逆に「ネタ帳」がないと、日本語でもうまく話せない。（笑）

鳥飼　私も「ネタ帳」を作ろうっと。たしかに日本人は、急に話せと言われても言葉に窮してしまうことが多いですよね。こんなことを話したらみっともないとか、つまらないだろうとか、いろいろな思いが駆け巡ってしまって。特に外国人を相手にすると、何か話しかけられたとたん、頭の中が真っ白になる。

齋藤　それから鉄板の方法として、“My Favorites Map”を作成する手もあります。日本語では「偏愛マップ」と私は呼んでいますが、各人が一枚の紙に自分の好きなものを具体的に英語で書いていくんです。たとえば“song”という枠を作ったら、その中に“QUEEN”とか“Beatles”とか、あるいは“We Are The Champions”とか“Yesterday”などと書き込んでいくわけです。

人によっては、"food" "book" "sport" "TV show" といった括りがあってもいいでしょう。またレイアウトもまったく自由。イラストや写真を加えるなど、見やすさを追求する人がいてもいいと思います。

集まりでは、これをコピーして持参し、名刺代わりに交換するんです。そうすると、お互いに相手の興味・関心の分野が一瞬で分かりますよね。そこに共通する点を見出せれば、会話は永遠に続けられます。

たとえば相手の "song" の欄に "Freddie Mercury" とあって自分も好きなら、"Me too!" とリアクションできますね。お互いに好きなものについては、たどたどしい英語でも会話が成り立つんです。

鳥飼　なるほどねえ。とりあえず話題にはこと欠かなくなる。

齋藤　これは英語だけではなく、ドイツ語やフランス語でも応用できます。やはり大学の授業で独文、仏文の学生に試してみたのですが、単に「自由に会話して」と指示するだけでは五分も持ちません。しかし "My Favorites Map" のドイツ語版・フランス語版を作って交換すると、授業時間中ずっと会話が続くんです。

ただしこの場合も、“Wunderbar!”（すばらしい！／ドイツ語）のようなリアクションの言葉を多数仕込んでおくことが条件ですが。

鳥飼 外国人の多いパーティに出て英語コンプレックスを感じている政治家に、ぜひ教えてあげたいですね。

齋藤 あるいは大人だけではなく、中学生にもぜひ実践していただきたい。たとえば“I love baseball!”“Me too!”でいいんです。“I am a batter. I like only straight. I don't like curve.”でいいじゃないですか。

鳥飼 こういう英語でいいと言われると安心しますね。黙っているよりは、何か話したほうが、自分のためであり相手も助かります。

「リアクション能力」を高める

齋藤 スモール・トークでネタと同じぐらい大事なのが、聞き手としての態度。つまりは「リアクション能力」ですよね。

鳥飼 たとえば、ツッコむとか、面白かったら笑いましょうとか？

齋藤　そうです。面白くなくても爆笑してあげましょうとか（笑）。テレビのバラエティ番組の収録でも、いわゆる「前説」で観客にリアクションの練習をしてもらいますね。あれは場を温める意味もありますが、本当に練習でもあるんです。どんなときに拍手をすればいいのか、どんな声を出せばいいのか、観客はその場でマスターして本番に臨むわけです。

私は中高の英語教員を目指すクラスで、そういう練習をしてもらうことがあります。話し手の目を見るとか、相づちを打つとか、頷くとか。一見するとバカバカしく思われるかもしれませんが、これは社会性の訓練なんです。人とコミュニケーションを図ったり、人から学んだりすることは生涯続きますが、身体の反応が弱いとそれがうまく行きません。

逆に、リアクションがいい人には話しやすくなる。これは日本語でも英語でも同じです。英語の相づちを練習すると、英語のコミュニケーションも盛り上がるんですね。コミュニケーションを根本的に鍛えたいのであれば、そういうリアクションができる身体性を育てることが手っ取り早いと思うんです。

鳥飼　とにかく心を開いて、相手の話を聞く姿勢をつくる。

齋藤　そう。パーティなどの場で軽いコミュニケーションをこなすには、とにかくリアクションのバリエーションを多く持つことだと思います。たとえば"No way!"とか、"Really?"とか、"Of course."とか。

鳥飼　日本人の場合、"Uh-huh."や"I see."が多いですね。

齋藤　それを三〇個ぐらいに増やすんです。そうすると、語彙が少なくても会話が成立するんですよ。

鳥飼　文脈に合わせて出せるようになればね。

齋藤　いつも"you know"だけでは間が持ちませんが、"unbelievable"とか大げさな表現も適当に使ってみる。そういうバリエーションを持っているだけで安心できますよね。

鳥飼　そうやって反応しながら時間を稼いで、頭の中で言うべきことをまとめることもできます。ちょっと高度かもしれませんが。

齋藤　特に覚えるべきは、英語の褒め言葉でしょう。大学のクラスで、そこに絞って練習をしたこともあります。一人が何か発表をしたら、聞き手の全員が一人ずつ、それぞれ別の褒め言葉を考えて述べる。たとえば二〇人いたとしたら、発表した一人は一九種類の褒め言葉を受け取るわけです。

鳥飼　それはいいですね。英語の褒め言葉は豊富なんですよ。いずれも日本語に訳すと「素晴らしい」とか「いいですね」になってしまいますが、実はニュアンスがそれぞれ違います。

齋藤　実際、ネット上に「英語の褒め言葉一〇〇選」のようなサイトがあって、これは使えるなと思ったんです。学生にも、そのようなサイトを見てボキャブラリーを増やしておくようにとアドバイスしました。別に"marvelous"でも"good job"でも"excellent"でもいいんです。とにかくバリエーションを増やすことが大事かなと。

それに何より、褒められた側は嬉しいですよね。それがルールと分かっていても、悪い気のする人はいません。褒められると分かっているから、もっとチャレンジングな発表をしようという勇気も湧いてくる。自己肯定力の低い日本人には、かなり効きます。

鳥飼　だいたい英語圏では、先生も親もよく褒めるのが当たり前。ちょっとしたことでも"Terrific!"とか"Fantastic!"とか、気軽に褒めます。あれで子どもたちは自信を持つようになって自己効力感が高くなるのでしょうね。日本人ももっと褒めたほうがいいです。

ところが、小学校でも中学校でも英語の先生の「褒め言葉レパートリー」が少ないため、褒めるといえば“Good.”ばっかり。でも、Goodは、それほどの褒め言葉とは言えないんです。「まあ、良いでしょう」くらいですかね。

齋藤　そういうことを知らずに社会に出ると、いざスモール・トークの場面で言葉に窮するし、恥をかくことにもなりますね。逆に褒め言葉を適度に使い分けることができれば、会話は続くし、その場の雰囲気が良くなります。日本人が望むペラペラ「感」も出るし。（笑）

【巻末コラム「イギリスの学校で、こんなほめことばを使うよ！」参照】

真摯に相手の話を聞く

鳥飼　多種多様ある英語の褒め言葉を調べて使ってみたり、何か言われた時にどう受けるかというのを学んでみることは、とても良いと思います。ただし、身体論の話でも出たように、言語を使わない「非言語コミュニケーション」も無視できませんね。「非言語」というと身振りなどを考えますが、それだけでなく、相手の話を聞いている時の表情や姿勢、どこに座るかなどの空間や、どこまでなら待たせて失礼にならないかなどの時間の観念も入ります。そしてこれは言語によって驚くほど違うんです。

たとえば、「うなづき」「あいづち」も違います。首を縦にふってうなづくと、「私は反対」「それは嫌だ」という意思表示になる文化もあります。賛成する時は首を横に振る。英語では、相手の話を聞いている時は、黙ってじっと眼を見るだけで、うなづきません。これは長いこと気づかなかったのですが、ある時、とても親しいアメリカ人から「どうしてあなたは人の話を聞く時に、首を上下に動かすの？」と聞かれました。それで、いろいろな人を観察したら、たしかに英語ネイティブ・スピーカーはうなづかないんです。だから日本人が「うん、うん」とうなづきながら話を聞くと奇異に見えるようなんです。これは無意識に出てしまうことですので、仕方ないのですが、英語話者と話していて「なんでこの人は黙ってこちらを睨みつけるんだ？」と不快に感じる日本人がいます。かなり英語のできる学生たちが、せっかくアメリカ人の大学生と話す機会があったのに、あまり話さなかったことがあります。理由を尋ねたら、「こっちをじっと睨んできて怖かった」とか、「まったく頷かないので怒られているような気がした」と言うんです。頷きなしの睨みが気になって話すのをやめて黙ってしまったわけです。これは英語力ではなく、異文化コミュニケーションの知識なので、「うなづかない」文化もあることを知っていたほうが、気が楽になります。
それから日本人は「表情がない」と指摘されることがあります。私は感情をかなり顔に出すほうだと思っていたのですが、それでもアメリカ人からは無表情に見えたらしく、高校の先生から「何を考えているか分からないオリエンタル・ミステリーだね」とからかわれたことがありました。

齋藤　そうすると、どういうリアクションをすればいいのでしょうか？

鳥飼　基本は言葉に出すことではないでしょうか。マメに言葉にしていれば誤解は減るでしょう。非言語コミュニケーションは文化によって違うから難しいです。英語圏では相手の目をじっと見ることが話を真摯に聞く態度ですが、目上の人を見つめることは失礼になる文化もあります。そういう文化で育った生徒は、先生と話す時には無意識に視線を外すのですが、それが英語圏では誤解されて「あの生徒は生意気だ。教師に反抗的だ」という評価になる、という調査もあります。
こういう違いを知ることも、「異文化コミュニケーション」としては必要でしょうね。

時事問題を英語でコメントできますか?

鳥飼　それからスモール・トークからもう一歩出て、時事問題のキーワードくらいは常に頭に入れておいたほうがいいですね。

二〇〇九年にNHKで「ニュースで英会話」が始まったときのコンセプトは「旬のニュースについて話せるようにしよう」ということだったんです。ビジネスなどの場で、社交的なやり取りが苦手で黙ってしまう日本人は少なくありません。それは英語力の問題だけでなく、時事問題について知らない、時事的な語彙を知らないことも大きな原因だろうという発想でした。そこで、番組でニュースとそのキーワードを英語で提供して解説すれば、多少は話せるようになる、ビジネスランチで恥をかかずに済むだろうと考えたわけです。

齋藤　たしかに、雑談で時事的な話題になることはよくありますよね。

鳥飼　たとえば天皇陛下の即位が話題になることもあるでしょうし、日本の皇室について聞かれることもあるでしょう。そういうときに、日本人として何も説明できなかったら残念ですよね。

齋藤　そのレベルになると、毎日のニュースのチェックは不可欠ですよね。英字新聞を精読するまでは求めませんが、せめて日本や世界の旬な話題について、相手の話を聞き取れたり、自分なりの簡単なコメントを英語で言えるようになったほうがいい。ちょっとハイレベルですが。

世界を渡り歩くメンタルを英語の曲で鍛える

鳥飼　結局、問われるのは人間力ですね。海外で活躍するにせよ、国内でがんばるにせよ。

齋藤　いくら英語をマスターしても、英語圏ではない国に行ったり、英語の通じない人と話す可能性は以前より増えていると思います。そういう場合に必要なのは、メンタルタフネス。特に海外ではトラブルが多いので、へこたれない心を持つことが大事でしょう。

鳥飼　勇気というか、どんな事態に直面してもオロオロしない強さ。図太さみたいなね。

齋藤　そういう図太さというものを鍛える必要があります。今の若い人は基本的に繊細なので、ちょっとカオスなところに投げ出された場合のメンタルが心配。

鳥飼　最近は、世界中どこに行ってもカオスじゃないですか。そのたびにいちいち神経質になっていては心身ともに持ちませんね。

齋藤　だから、今の時代はメンタルタフネスが大きな課題なんですよね。私は、それを英語を通じて鍛えることができるんじゃないかと考えています。

鳥飼　英語でメンタルを鍛える？

齋藤　三章でも述べましたが、英語の曲を人前で歌う。これは日本人にとってけっこうハードルが高いので、とんでもなく鍛えられます（笑）。私は英語の教職課程の授業で実践していますが、最初は嫌がっていた学生も、二回ぐらい歌うと逆にもっと歌いたがるようになる。どんなに下手でも全員で拍手をして褒めるのが原則ですからね。

鳥飼　もともと日本はカラオケの発祥地ですからね。まして下手でも褒められるとなれば、歌う勇気も湧いてくるでしょう。

齋藤　だからそれを、小学校や大学の教職課程の教室に限る必要はない。中学・高校の英語の授業で取り入れてもいいいし、社会人になってからも自分へのミッションにすればいいと思います。

鳥飼 それはいいかもしれない。人前で歌うからには、発音も抑揚も気をつけるようになる。特に中学生以降になると、英語の授業でいかにも英語らしい発音をすることに気恥ずかしさを感じるものです。しかし英語の曲なら、カタコトで歌うほうが恥ずかしい。

齋藤 そうですよね。カラオケでカタカナのテロップを追うだけでは意味がありません。好きな曲なら歌詞の意味まで調べたり、歌い方まで完全コピーするぐらいでいい。それが大人のたしなみというものです。

鳥飼 こっそり一人カラオケで練習してもいいかもしれませんね。クイーンの「ボヘミアン・ラプソディ」などは聞いていると最高だけれど、難し過ぎて歌えない。ビートルズも曲によっては歌ってみると我ながら情けなくなる。だから選曲をちゃんとしないとね。

齋藤 クイーンは昔も今も人気がありますね。ただ世代なのか、最近はビートルズを歌う若い人が減りました。英語としては分かりやすいと思いますけどね。あるいはカーペンターズも分かりやすい。“Yesterday Once More”は“When I was young, I'd listen to the radio.”ですからね。中学生でも読めるでしょう。

鳥飼　カーペンターズはいいですね。発音がきれいではっきりしているし、歌いやすくてとても楽しい。"I'm on the top of the world." なんて発音練習に最適。あるいはボブ・ディランの歌詞もいいですよね。難しいイメージはありますが、なんとか歌える。ミュージカルや映画になった "Mamma Mia" に登場するアバの曲も歌いやすいですね。ミュージカルといえば "Sound of Music" には「ドレミの歌」や「エーデルワイス」が出てくるので、それを英語で歌ったら誰もが知っているから、一緒に歌い出すかもしれません。
いずれにせよ、そんなオハコを引っさげて世界へ出ていく。

齋藤　そう。前にも言いましたが、有名な曲ならユーチューブにカラオケがあります。世界中のどこへ行っても、スマホでそれを流しながら歌えば「摑みはＯＫ」という感じになるでしょう（笑）。メンタルも鍛えられますよ。

鳥飼　あれこれ自分で工夫して英語を学ぶことで、人間として成長して強くなる。英語コンプレックスを粉砕するには、とことん英語を学ぶに限る、が結論ですね。

Fantastic!　とてもすばらしい。／友だちがわたしができないダンスをしたので、このことばをびっくりしながら言いました。／すごくよくできたら、先生が言います。／えい語の作文につかいます。

【感嘆した時に「すごいね！」という感じで使います】

Excellent!　がんばったとき、先生がほめてくれた。／すばらしいといういみ。／絵がよくかけたとき。学校でびじゅつの時、先生がわたしに **Excellent** と言ってくれるのですごくうれしいです。

【「すぐれた」「すぐれていて、すばらしい」という意味です】

Spectacular!　ほんとにすごい。

【もともとは「壮大な」「目をみはるような」という意味なので「目をみはるようにすごい！」という感じです】

Amazing!　びっくりといういみ。／サッカーをしてあそんでいるとき、友だちがゴールをきめたときにつかう。／しゅくだいがよくできた時、先生が言ってくれる。

【良い意味で驚いた時に「びっくりするほどすばらしい」「お見事」という気持ちで使います】

Awesome!　すばらしいといういみ。／かっこいいものを見たときにつかう。／すごい、かっこいい、といういみです。／見たこともないものを見た時につかいます。

【もともとは「息をのむように圧倒される」という意味ですが、最近は「すごくいい！　最高！という感じで気楽に使います】

Brilliant!　人をほめるときにつかいます。

【もともとは「優秀な」「すぐれた才能がある」「才気ある」「輝く」「みごとな」という意味で、特にイギリス英語で「すごくいい！　すばらしい！」という意味でよく使われます】

column

イギリスの学校で、こんなほめことばを使うよ！

鳥飼玖美子

「大村はま記念国語教育の会」（苅谷夏子・事務局長）の会員でロンドン補習授業校の河内知子先生と、埼玉県川口市の学校（山本賢一先生、南部国語の会）が、クラス文集の交流をしました。その中で、補習授業校の小学２年生が、普段通っているロンドンの小学校で収集した英語の「ほめことば」を紹介しています。日本語での意味を書いているだけでなく、どのような場合に使われているかも説明しています。苅谷夏子さんを通してお二人の了解を得て、紹介させていただきます。児童名は外し、説明が複数ある単語は複数の子どもたちが説明しているものをそのまま掲載しました。【　】内は、鳥飼の補足説明です。

Well done!　友だちやだれかがよくできたときにつかいます。先生たちがつかうことも多いです。／「今日はよくやったね！」と、なにかをじょうずにできたときにつかいます。お母さんもしゅくだいがよくできた時に言います。／だれかが自分ができないことをしたときにつかう、「よくできたね」といういみ。／「よくがんばったね」先生がいうことばです。

【ステーキの **well-done** は「よく焼けた」ですが、ほめことばの **Well done!** は「よくやった！」「よくできた！」という意味なので、**well** と **done** の二つの単語をそれぞれ強調して、ゆっくり、はっきり発音します】

Fabulous!　すばらしい。

【「とほうもない」というのがもともとの意味で、「信じられないくらい、すばらしい」という感じのほめことばです】

Good job! 友だちがコンテストでよかったとき、このほめことばをつかいました。

【いいね、いいぞ、うまい！という感じです】

Great Job! よくできたね、と先生がほめるときにつかう。

【**good job** の一段上で「よくやったね！」という気持ち】

Perfect! すごいじょうず！

【「完璧！」という意味で、日本語なら「文句なし」「非の打ちどころがない」「申し分ない」というところです】

You are perfect! 「あなたはすばらしい！」といういみです。／友だちをほめる時につかうことば です。

【**perfect** に主語 **you** をつけて「あなたは完璧！すばらしい！」】

You are a genius! 天才といういみ。／自分ができないことをほかの人が やってできたときこのことばをつかいます。

【勉強だけでなく、歌でも作文でも漫画でも何であっても心から感心した時に、「君は天才だよ！」「あなたには非凡な才能がある！」と素直にほめます】

Keep it up! そのちょうしでがんばれといういみです。／わたしがもんだいをといて、先生が丸をつけてくれてこのことばを言われました。

【今やっていることはとても良いから、この調子で頑張って！という気持ちを表現しています】

★ほかにも……**Wonderful!**「すばらしい！」、**Terrific!**「すごくいい！　ものすごくいい！」、**Super!**「すごい！　最高！」、**Good Stuff!**「いいぞ！」

あとがき

齋藤　孝

月刊誌「中央公論」の対談企画で鳥飼玖美子先生に初めてお会いしたのは、二〇一九年の初夏でした。テーマは「英語教育はどうあるべきか」。二〇二〇年度から大きく変わる大学入試制度が念頭にあったことは、言うまでもありません。

お会いして早々、新しく始まる大学入学共通テストがいかに深刻な問題を抱えているかを滔々と語られる鳥飼先生の姿に、正直なところ少々驚いた覚えがあります。同時に、ずっと信念を持って戦ってこられたんだなあと、あらためて尊敬と感謝の念を抱かずにはいられませんでした。

日本の英語教育の第一人者として、また異文化コミュニケーションの権威として、間違った方向へ進もうとする制度改革を看過できなかったのでしょう。

周知のとおり、改革の目玉の一つだった英語の民間試験の導入は、実施直前の二〇一九年一一月になって延期が決定されました。萩生田光一文部科学大臣（当時）による「身の丈」発言がきっかけと言われていますが、おそらくそれは最後のトリガーに過ぎません。鳥飼先生をはじめとする諸先生方の長年の尽力が、ようやく実を結んだのだと思います。

国家の政策というものは、ひとたび方向性が定まると、なかなか元には戻りません。「改革」「変革」と言えば聞こえはいいですが、専門家から見て明らかに悪手の場合もあります。まして教育分野となると、若者の将来や国家の盛衰にも関わります。それを阻止できた意義は、きわめて大きいのではないでしょうか。同誌の対談もその一助になったと、私は勝手に自負しています。

さて、入試制度改革の話は対談のほんの入り口でした。本丸は、日本人が長く抱える「英語コンプレックス」をいかに克服するか。「中学・高校・大学でも学んだのに話せない」「英語圏の人に話しかけられると、頭の中が真っ白になってしまう」といった声はよく聞きます。

だから学校教育が悪い、という話になりがちなのですが、それ以前に問題があるというのが鳥飼先生と私の共通認識でした。私たち日本人は、「英語ができなければならない」と思い込みすぎているのではないか。ふだん英語を使う必要のない人まで、十字架を背負ってしまっているのではないか。そのことにより自信を失うことがあるとすれば、それは個人にとっても、大きく言えば国力という意味でもマイナスでしかありません。

本来、英語とのつきあい方は人それぞれでいいはずです。チャットで話す程度なら、中学・高校の英語力で十分でしょう。ごく簡単な英会話も、いくつかの慣用句と若干の度胸があればなんとかなります。ペラペラ話すことに憧れるなら、「ペラペラ英語」をマスターすればいい。私の場合でいえば、英語で論文を書いたり洋書を翻訳したりすることもありますが、学校教育がたいへん役に立ったと実感しています。

いずれにせよ、英語は必要に応じて身につければいいだけの話で、コンプレックスを感じるほどのものではない——本書をお読みになれば分かるように、鳥飼先生からそう〝お墨付き〟をいただけたので、私たちはそろそろ背中の十字架を下ろしてもいいのではないでしょうか。

英語とのつきあい方を考えることは、母語である日本語について考えることでもあります。かつて私は、"no Japanese, no Japanese" という標語を作りました。「日本人なくして日本語なし」とも訳せますが、私の意図は逆の「日本語なくして日本人なし」です。対談でも触れましたが、日本人は日本語で思考しながら、豊かな文化・伝統を育んできました。その日本語を蔑ろにして、たとえば学校の授業や会社内のコミュニケーションを英語で行うことが、はたして本当にプラスなのか。むしろ思考を不自由にし、本来の力を発揮できなくなるおそれがあります。自らそんな境遇に追い込む必要がどこにあるのでしょうか。

日本語の森が痩せれば、長く培ってきた文化・伝統の継承も危うくなります。そして絶滅した生物がけっして生き返らないように、使われなくなった言語や文化の復活も難しい。それは突き詰めれば、文化的な意味での日本人の消滅を意味します。ただでさえ少子化が劇的なスピードで進行する昨今、そんな悪夢が現実味を帯びてきたような気がします。

だからこそ、私たちは意図的に日本語を守らなければならない。そういう観点でも、鳥飼先生から多くの共感や示唆をいただきました。たいへん心強く思っています。

もっとも、全体を一読していただければ分かると思いますが、すべての点で見解が一致したわけではありません。立場が違うので、それは当然でしょう。

もともと私の専門は、教職課程の学生に授業のやり方を教えることです。そのために教育方法をいろいろ工夫し、授業で実践してきました。それが英語教育の専門家の目にどう映るのか。その診断をいただく〝チェック機関〟として、鳥飼先生ほど最適な方はおられません。ご意見を伺うことは楽しみであり、緊張の瞬間でもありました。

実際のところ、自信を持つことができた部分もあれば、突飛すぎてたしなめられた部分もあります。そんな共同作業の結果、新しい英語教育の方向性を提示できたのではないかと思っています。

最後にもう一つ、いささか妙な言い方ですが、鳥飼先生との対談は終始〝爽快〟でした。一般的に、日本人どうしの会議や対談の場合、曖昧模糊な表現でごまかしたり、行間を読むように促したりすることがよくあります。

しかし鳥飼先生は、英語文化の素養があるためか、実にテンポよく要点だけを話す方でした。いいものはいい、ダメなものはダメと明確におっしゃるので、たとえダメ出しをされても心地よかったのです。

私もふだんの会話は、できるだけスポーツのようにテンポよく話すよう心がけています。そのため、この対談は「英語文化的vs.スポーツ的」という、異種格闘技戦の様相を呈しました。日本語でもここまで高速かつ中身の詰まったキャッチボールが可能なのだということも、ぜひ味わっていただければと思います。

言い換えるなら、コミュニケーション・ツールとしての日本語は、英語に対してハンディキャップにならないのです。これは私のかねてからの持論でしたが、鳥飼先生との対談を通じて再認識できました。

「英語など恐るるに足らず、いろんな意味で」。これからの「令和」の時代を生きる多くの方々が、本書を通じてそう心に刻んでいただけたとしたら、著者の一人として望外の喜びです。

なお、この対話には続きがあります。本書で提案したいくつかの授業方法を、実際に教育現場で試してみるのが次のステップです。そこで成果を確認したら、一気に全国制覇も視野に入るはず。

次はぜひ、どこかの教室でお会いしましょう、鳥飼先生！

ラクレとは…la clef=フランス語で「鍵」の意味です。
情報が氾濫するいま、時代を読み解き指針を示す
「知識の鍵」を提供します。

中公新書ラクレ
678

英《えい》語《ご》コンプレックス粉《ふん》砕《さい》宣《せん》言《げん》

2020年2月10日発行

著者……鳥飼《とりかい》玖《く》美《み》子《こ》　齋藤《さいとう》 孝《たかし》

発行者……松田陽三
発行所……中央公論新社
〒100-8152 東京都千代田区大手町1-7-1
電話……販売 03-5299-1730　編集 03-5299-1870
URL http://www.chuko.co.jp/

本文印刷……三晃印刷
カバー印刷……大熊整美堂
製本……小泉製本

Published by CHUOKORON-SHINSHA, INC.
Printed in Japan ISBN978-4-12-150678-8 C1280

中公新書ラクレ　好評既刊

L535
本をサクサク読む技術
―長編小説から翻訳モノまで
齋藤　孝 著

途中で挫折しない方法を、読書通の著者が教えます！　登場人物がややこしい長編小説の読み方は？　難解な翻訳書・学術書を読みこなすコツは？　本を同時に読み進める「並行読書」、レーベル別攻略法、1000冊読める大量消化法等の齋藤メソッドが盛り沢山。コラム「よろず読書相談室」では、個別の悩み相談にも答える。ド文系のための理系本や初心者向けの歴史・経済小説などオススメ本も多数掲載。

L613
英国公文書の世界史
―一次資料の宝石箱
小林恭子 著

中世から現代までの千年にわたる膨大な歴史資料を網羅する英国国立公文書館。ここには米国独立宣言のポスター、シェイクスピアの遺言書、欧州分割を決定づけたチャーチルの手書きメモから、夏目漱石の名前が残る下宿記録、ホームズへの手紙、タイタニック号の最後のSOS、ビートルズの来日報告書まで、幅広い分野の一次資料が保管されている。この宝石箱に潜む「財宝」たちは、圧巻の存在感で私たちを惹きつけ、歴史の世界へといざなう。

L658
ハーバードの日本人論
佐藤智恵 著

判官びいきは日本人の特徴か。日本人はなぜロボットを友達だと思うのか。なぜ細部にこだわるのか。本当に世襲が好きなのか。なぜものづくりと清掃を尊ぶのか。なぜ義理を重んじ、周りの目を気にするのか。なぜ長寿なのか。そもそも、日本人はどこから来たのか……。いまだに日本は世界の不思議だ。世界最高の学び舎、ハーバード大学の10人の教授のインタビューを通して、日本人も気づかなかった日本の魅力を再発見できる一冊。